DE CIVIL
DE LA
RÉPUBLIQUE FRANÇAISE.

RECUEIL COMPLET

des motifs d'adoption des lois du Code civil, qui ont été exposés au corps législatif, par les conseillers d'état, lors de la présentation de chacune de ces lois à sa sanction.

MOTIFS DE LA IIIᵉ PARTIE.

QUATRIÈME LIVRAISON.

A PARIS,

(Brasseur aîné, impr. rue de la Harpe, n°. 477)

Chez Garnery, libraire rue J.-J. Rousseau, n°. 346;

Barba, libraire palais du Tribunat, n°. 51.

AN XII. — 1803.

2

AVIS.

Nous avons cru devoir diviser en deux livraisons les motifs d'adoption des deux parties déjà décrétées du Code civil. Nous avons adopté cette marche pour faciliter (aux personnes qui le voudraient) la réunion des motifs de chaque livraison à la partie à laquelle ils appartiennent.

Nota. Pour prémunir le public contre le charlatanisme de certains libraires, qui ont pompeusement annoncé huit livraisons, pour ne donner que les deux seules parties décrétées, nous le prévenons que tout ce qui a été sanctionné jusqu'à ce jour est contenu dans nos quatre livraisons, et divisé dans l'ordre suivant:

La première livraison contient toutes les lois de la première partie;

La seconde livraison, toutes les lois de la troisième partie.

La troisième livraison, tous les motifs d'adoption de la première partie.

La quatrième livraison, tous les motifs d'adoption de la troisième partie.

Ces quatre livraisons, réunies en un seul volume grand in-12 de seize feuilles, dont huit en caractères philosophie, et huit en petit-texte, se vendront 2 fr., et 3 fr. franc de port.

Les personnes pour qui les motifs d'adoption ne seraient d'aucune utilité, pourront se procurer séparément les lois des deux parties décrétées, qui forment un volume (même format, caractère philosophie) de huit feuilles, moyennant 1 fr., et 1 fr. 50 cent. franc de port.

Les motifs d'adoption se vendront de même séparément: ils forment un volume de huit feuilles (même format, caractère petit-texte plein) qui se vendra 1 fr., et 1 fr. 50 cent. franc de port.

RECUEIL COMPLET

des Motifs d'adoption des Lois du Code civil, qui ont été exposés au corps législatif, par les Conseillers d'état, lors de la présentation de chacune de ces lois à sa sanction.

MOTIFS DE LA III.ᵐᵉ PARTIE.

I.ʳᵉ LOI. — *Motifs du Titre premier, exposés au Corps législatif par le Conseiller d'état* TREILHARD.

CITOYENS LÉGISLATEURS, le Gouvernement vous présente par notre organe le projet de loi sur les successions, c'est-à-dire le testament présumé de toute personne qui décéderait sans avoir valablement exprimé une volonté différente.

La société se perpétue par les mariages : son organisation serait imparfaite, s'il n'existait pas aussi un moyen de transmettre les propriétés de la génération présente à la génération future.

Chacun laisse en mourant une place vacante : nous avons des biens à régir, des droits à exercer, des charges à supporter : l'héritier est un autre nous-mêmes qui nous représente dans la société ; il y jouit de nos biens, il y remplit nos obligations.

Ce remplacement ne peut s'opérer que de deux manières, ou par la force de la loi qui nous donne un successeur, ou par la volonté de l'homme qui désigne lui-même la personne qui doit le remplacer.

Toutes les législations sur cette matière sont nécessairement formées de la combinaison diverse de ces deux espèces de transmissions.

Il eût été dur, injuste, d'interdire des actes de confiance, de bienfaisance, j'aurais pu dire de justice, envers ceux dont nous aurions reçu des témoignages constans d'affection pendant tout le cours de notre vie. Il fallait aussi suppléer à l'oubli, à la négligence de l'homme que la mort aurait frappé avant qu'il eût disposé de ses propriétés ; la transmission des droits et des biens

31612

doit donc s'opérer, soit par la loi, soit par la volonté de l'homme, et nous distinguons les héritiers légitimes (ceux appelés par la loi), des héritiers institués (ceux appelés par des actes de dernière volonté.)

Un projet vous sera présenté sur la faculté de disposer : il s'agit aujourd'hui des successions légitimes, de celles qui sont déférées par la force de la loi, quand elle supplée au silence de l'homme.

Déjà vous concevez, citoyens législateurs, combien il importe de se pénétrer de toutes les affections naturelles et légitimes lorsqu'on trace un ordre de succession : on dispose pour tous ceux qui meurent sans avoir disposé ; la loi présume qu'ils n'ont eu d'autre volonté que la sienne. Elle doit donc prononcer comme eût prononcé le défunt lui-même au dernier instant de sa vie, s'il eût pu ou s'il eût voulu s'expliquer.

Tel est l'esprit dans lequel doit être méditée une bonne loi sur cette matière. Que chacun descende dans son propre cœur, il y trouvera gravé en caractères ineffaçables le véritable ordre de succéder.

Le bienfait de la vie que des enfans tiennent de leur père est pour eux un titre sacré à la possession de ses biens. Voilà les premiers héritiers.

Il n'est pas dans l'ordre de la nature qu'un père ferme les yeux de son fils, mais lorsque l'ordre de la nature est interverti, quel législateur pourrait enlever à un malheureux père la succession de ses enfans ?

Enfin, s'il n'existe pas de parens dans la ligne directe, les collatéraux les plus proches sont présumés de droit les premiers dans l'ordre des affections ; sans doute cette présomption n'a pas la même force que celle qui appelle respectivement les pères et les enfans. La nature avait en quelque manière établi entre eux une communauté de biens, et leur succession n'est, pour ainsi dire, qu'une jouissance continuée ; il n'en est pas de même entre collatéraux : mais, dans le silence de l'homme, la loi n'a pu adopter à leur égard d'autre règle que la proximité.

Voilà en général l'ordre des successions, suivant le vœu de la nature. Malheur à ceux qui auraient besoin de raisonnement et de discussion pour reconnaître une vérité toute de sentiment !

Mais ce principe général peut éprouver, dans son application, de grandes difficultés qu'il a été nécessaire de prévoir et de résoudre.

Elles peuvent naître sur l'époque précise de l'ouverture d'une succession, sur les qualités et les droits de ceux qui se présentent comme héritiers, sur les obligations dont ils sont tenus, sur la nature des biens, sur leur partage.

Je ramènerai toutes les questions à trois points fondamentaux : droits des héritiers légitimes, droits des appelés à défaut de parens, acceptation et partage des successions.

J'expliquerai les principes auxquels se rattachent les nombreuses dispositions de détail. Je ne pourrai peut-être pas donner sur chaque base tout le développement dont elle serait susceptible ; mais je tâcheral dans cette vaste matière, de saisir les motifs principaux. Votre sagacité suppléera facilement au reste.

La première question qui peut se présenter dans une succession , c'est celle de savoir à quelle époque elle est ouverte : on conçoit combien cette question est importante ; car les héritiers peuvent être différens suivant que la succession est ouverte, ou plus tôt ou plus tard.

La réponse paraît facile. C'est à l'instant du décès que s'ouvre une succession ; c'est dans cet instant physique que l'héritier est censé prendre la place du défunt ; c'est ce que nos coutumes avaient si énergiquement exprimé par ces mots : *Le mort saisit le vif*. Les biens, les droits d'un défunt ne peuvent pas rester en suspens, il est remplacé au moment où il décède, et il a pour héritier celui qui, à ce même instant, se trouve appelé par la loi.

Nulle différence sur ce point entre la mort naturelle et la mort civile ; c'est toujours l'époque de la mort qui saisit l'héritier.

Mais il peut arriver que plusieurs personnes dont les unes doivent succéder aux autres décèdent dans un même évènement, et sans qu'on puisse connaître précisément laquelle est morte la dernière. C'est cependant celle-ci qui a hérité des autres, et dont la succession se trouve grossie des biens qui appartenaient aux premiers décédés.

Il a bien fallu recourir aux présomptions, à défaut de preuves, et donner des règles certaines pour déterminer un ordre dans lequel on doit supposer que les trépas se sont suivis.

C'est d'abord par les circonstances du fait qu'il faut décider, s'il est possible, la question de la survie ; mais si l'on ne peut tirer aucune lumière des circonstances du fait, c'est dans a force de l'âge ou du sexe qu'il faut puiser, je ne dirai pas des preuves, mais les conjectures les plus vraisemblables.

Dans l'âge où les forces humaines prennent de l'accroissement, le plus âgé sera présumé avoir survécu, comme étant le plus fort; par la même raison, dans l'âge du dépérissement la présomption sera pour le moins âgé : dans l'âge intermédiaire, on supposera que c'est le mâle qui aura survécu, comme le plus capable de résister, et si les personnes sont du même sexe, la présomption de survie qui donnera ouverture à la succession dans l'ordre de la nature sera admise.

Voilà, citoyens législateurs, les règles adoptées par le projet. Elles ne sont pas nouvelles : elles avaient été sanctionnées par la jurisprudence, et je ne crois pas que, dans la fatale obscurité qui enveloppe un évènement de cette nature, on ait pu établir des règles sur des bases plus sages.

Au moment où la succession est ouverte, s'ouvre aussi le droit de l'héritier : la place du défunt ne peut pas rester vacante, ni le sort de ses propriétés incertain ; de-là il résulte que pour être habile à succéder à une personne, il faut nécessairement exister à l'instant de son décès ; et, par conséquent, ni l'enfant qui n'est pas encore conçu, ni l'enfant qui n'est pas né viable, ne peuvent être héritiers : le néant ne peut pas occuper une place.

Celui qui est mort civilement n'est pas moins incapable de succéder : c'est le néant dans la vie civile.

Mais celui qui se trouve en effet parent au degré que la loi appelle à la succession héritera-t-il toujours et dans tous les cas ? La capacité qu'il tient de la nature ne pourra-t-elle pas être effacée par quelque vice inhérent à sa personne ?

L'ordre de succéder établi par la loi est fondé sur une présomption d'affection du défunt pour ses parens plus proches. Or il est de la nature de toute présomption de céder à la vérité contraire quand elle est démontrée, ou même à des présomptions plus graves.

Si l'héritier de la loi avait été condamné pour avoir tué ou tenté de tuer le défunt ; s'il avait porté contre lui une accusation capitale qu'on aurait déclarée calomnieuse ; si étant majeur et instruit du meurtre du défunt il ne l'avait pas dénoncé pour faire punir le meurtrier : la loi qui l'appelle à la succession pourrait-elle s'accorder avec la volonté présumée du défunt, et ce parent coupable ou lâche devrait-il hériter de celui qu'il aurait assassiné, ou dont il aurait laissé les mânes sans vengeance ?

Non, certainement : et celui-là ne peut réclamer les droits de la nature qui en a abjuré tous les sentimens ; cependant le défaut de dénonciation du meurtrier peut quelquefois n'être pas l'effet d'une indifférence coupable. Si le meurtrier était un père, un fils, un époux, le silence ne serait-il pas un premier devoir, et comment la loi pourrait-elle dans ce cas ordonner de le rompre ?

Nous avons donc pensé que le défaut de dénonciation ne pourrait être opposé à ceux qui, unis avec le meurtrier par les liens d'une parenté étroite, ne pourraient le dénoncer sans blesser les règles de la morale et de l'honnêteté publique.

Nous n'avons pas jugé convenable d'étendre davantage les causes d'indignité : il ne faut pas, sous le prétexte spécieux de remplir la volonté présumée d'un défunt, autoriser des inquisitions qui pourraient être également injustes et odieuses. C'est par ce motif que nous n'avons pas cru devoir admettre quelques causes reçues cependant dans le droit romain, comme, par exemple, celles qui seraient fondées sur des habitudes criminelles entre le défunt et l'héritier, ou sur la disposition qu'on prétendrait avoir été faite par l'héritier d'un bien du défunt avant son décès, ou sur l'allégation que l'héritier aurait empêché le défunt de faire son testament ou de le changer.

Ces causes ne présentent pas, comme celles que nous avons admises, des points fixes sur lesquels l'indignité serait déclarée : elles portent sur des faits équivoques, susceptibles d'interprétation, dont la preuve est bien difficile ; l'admission en serait par conséquent arbitraire.

Sans doute l'ennemi du défunt ne doit pas être son héritier ; mais les causes d'indignité doivent être tellement précises qu'on un puisse se méprendre dans leur application : autrement, pour venger un défunt, on jeterait dans toute sa famille des semences inépuisables de haine et de discorde.

Après avoir déterminé l'instant où les successions sont ouvertes, et déclaré les qualités nécessaires pour être habile à succéder, des difficultés nouvelles, et plus sérieuses peut-être, ont dû nous occuper : Fallait-il distinguer dans une succession les différentes espèces de biens dont elle est composée, et l'héritier le plus proche est-il si invinciblement saisi que, dans aucun cas, il ne doive souffrir la concurrence d'un héritier plus éloigné? Aura-t-on égard, dans la transmission des biens, à leur nature et à leur origine? admettra-t-on la représentation dans quelque cas? quel sera l'effet du double lien?

Il existait entre les dispositions du droit romain et celles du droit coutumier une première différence qui en entraînait beaucoup d'autres.

A Rome, un mourant ne laissait qu'une succession; elle était déférée au degré le plus proche.

Dans nos usages nous connaissions au contraire presque autant de successions que de natures de biens. Un mourant laissait un héritier des meubles et acquêts un héritier des propres paternels, un héritier des propres maternels. La même personne pouvait quelquefois réunir toutes ces qualités, mais elles étaient souvent disséminées sur plusieurs têtes, qui pouvaient même n'être unies entre elles par aucun lien de parenté.

Le desir de conserver les biens dans les familles, desir louable quand il est contenu dans de justes bornes, avait fait admettre dans nos mœurs la distinction des biens propres, c'est-à-dire des biens immeubles advenus par succession. Ce vœu de la conservation des biens ne se manifestait pas seulement dans les lois sur les successions; il influait aussi dans les lois qui réglaient la liberté de disposer : un mourant ne pouvait pas transmettre ses propres, ou ne pouvait en transmettre qu'une faible partie; la loi lui assignait un héritier qu'il n'était pas en son pouvoir d'écarter. Nous avions aussi des coutumes plus sévères, et qui interdisaient la disposition, même entre-vifs, des biens échus par succession. Telle était enfin la tendance à conserver les propres dans les familles, que la disposition de ces biens à titre onéreux n'était pas entièrement libre. Un parent pouvait exercer le retrait sur un acquéreur; et cette faculté, qui ne se prescrivait que par le laps d'une année, laissait pendant tout ce tems sur la personne du propriétaire une incertitude également fâcheuse pour l'intérêt public et l'intérêt particulier.

On conçoit sans peine que cette distinction de plusieurs successions dans une seule, et le concours d'héritiers différens, suivant les diverses origines des biens, devait presque toujours entraîner de nombreuses contestations.

Enfin comment pouvait-on supposer qu'un ordre de choses, d'après lequel des héritiers très-éloignés, et même inconnus au dé-

funt excluaient de proches parens qu'il avait affectionnés dans
le cours de sa vie; comment, disons-nous, pouvait-on supposer
que cet ordre se trouvait en accord avec la volonté présumée de
l'homme dont la succession était ouverte ?

Nous n'avons pas cru convenable de conserver des distinctions,
qui ne tirent pas leur source des principes du droit naturel, et
dont les effets nous ont paru beaucoup plus nuisibles qu'utiles :
nous ne connaissons qu'une seule succession, et toute distinction
résultante de la diverse origine des biens est abolie.

Mais en adoptant sur cet article les principes du droit romain,
nous n'avons pas dû rejeter ce qu'il pouvait y avoir de bon dans
les usages des pays coutumiers; et, sans condamner les citoyens
à des recherches longues et ruineuses sur l'origine des biens qui
composent une succession, nous avons cependant pourvu à l'intérêt des familles : toute succession déférée à des ascendans ou
à des collatéraux sera partagée en deux portions égales, l'une
pour la branche paternelle, l'autre pour la branche maternelle :
ce n'est pas seulement une espèce de biens, c'est la totalité de la
succession qui sera ainsi divisée : deux familles s'étaient unies
par un mariage, elles resteront encore unies dans le malheur
commun qui aura enlevé les fruits de cette union. C'est ainsi qui
se concilie le vœu de la nature, qui semble appeler les parens
les plus proches, avec l'intérêt des deux familles dont le défunt
tirait son origine.

Une autre distinction était admise dans notre droit : c'est celle
de la nature des biens. On connaissait des biens nobles et des biens
roturiers. Cette distinction avait introduit dans les successions
autant de règles diverses que de coutumes, et notre législation
ne présentait sur ce point qu'un amas de ruines entassées au hasard.

Le vœu de tous les hommes éclairés appelait depuis long-tems
une réforme ; on voulait surtout dans les lois cette unité qui
semble être de leur essence, puisqu'elles sont l'image de l'ordre
éternel.

Mais, pour remplir ce vœu, il fallait un de ces grands évènemens
qui déracinent les empires et changent la face du monde. Il fallait
qu'un grand peuple conspirât tout entier pour établir le règne de
l'égalité sur la ruine des distinctions et des priviléges.

Je n'ai pas besoin de vous dire que le code ne présente aucun
vestige des dispositions écloses dans l'anarchie féodale. Vous ne
voulez pas du privilége des terres plus que du privilége des races.
Ce n'est pas, citoyens législateurs, que les services des pères doivent être perdus pour les enfans : loin de nous ces maximes funestes et anti-sociales qui étoufferaient dans l'homme le principe
le plus pur et le plus actif d'une louable émulation ! mais la
gloire des aïeux ne tiendra pas lieu d'énergie, de talens et de
vertus; les enfans qui n'auront hérité que du nom resteront ac-
cablés sous cet immense fardeau, et la naissance ne dispensera
pas du mérite. Voilà l'égalité bien entendue ; voilà la véritable
égalité.

En vous présentant le tableau de l'ordre dans lequel les successions sont déférées, j'ai annoncé que la loi appelait les parens les plus proches : cette règle, généralement vraie, serait
cependant quelquefois injuste, si elle recevait toujours une application rigoureuse. De petits-enfans qui auraient eu le malheur
de perdre leur père, seraient-ils encore exposés au malheur
d'être exclus par un oncle de la succession de leur aïeul ?

Des neveux seraient-ils exclus de la succession de leur oncle,
parce que celui-ci aurait survécu à leur père ? Ces exclusions
s'accorderaient-elles avec la volonté présumée du défunt, et la
loi qui les admettrait ne se trouverait-elle pas en contradiction
avec les affections naturelles ? N'est-il pas au contraire plus juste
de donner aux enfans, par une fiction favorable, le droit de représenter leur père, et de prendre, comme s'il vivait encore, sa
part dans la succession ?

A Rome, la représentation dans la ligne directe descendante
fut toujours admise. Justinien l'étendit à la ligne collatérale en
faveur des neveux qui, ayant perdu leur père, se trouvaient exclus par un oncle de la succession d'un autre oncle.

Nos coutumes présentaient sur cette matière une diversité affligeante.

Les unes rejetaient le droit de représentation, même en directe ; d'autres l'admettaient en ligne directe seulement. A Paris,
la représentation en collatérale était reçue suivant les dispositions du droit romain : quelques coutumes admettaient la repré-
tation à l'infini dans les deux lignes ; quelques autres ne l'admettaient qu'en faveur de certaines personnes et pour certains biens.
Enfin, il y avait encore une classe de coutumes, qu'on appelait
muettes, parce qu'elles ne s'expliquaient pas sur cette matière.

Nous nous sommes rapprochés des dispositions du droit romain,
que nous avons cependant un peu étendues.

La loi qui exclurait la représentation en ligne directe descendante serait une loi impie et contre nature.

Le besoin de la représentation ne se fait peut-être pas sentir
aussi vivement en collatérale ; cependant la fiction qui donne aux
neveux la place de leur père est pour le moins très-favorable. Là
se bornaient les dispositions du droit romain. Nous avons cru
que la même faveur était due aux petits-neveux, et que la représentation devait être toujours admise dans la succession d'un
oncle en faveur des descendans de ses frères et sœurs : nous avons
trouvé les mêmes motifs de convenance et d'affection pour les
petits-neveux que pour les neveux ; mais la représentation ne
peut pas s'étendre plus loin. Si l'on voulait admettre cette fiction
dans la succession des cousins, il n'y aurait aucune raison pour s'arrêter, et nous aurions dans notre code la représentation à l'infini,
source intarissable de procès.

J'ai déjà dit que la représentation était une fiction qui donnait
aux enfans la portion qu'aurait eue leur père, s'il était encore vivant. Ils ne peuvent pas prétendre plus que lui, en quelque nombre

qu'ils se trouvent ; ils ne doivent donc former qu'une tête dans la succession, autrement la fiction qui les rappelle serait très-préjudiciable à leurs cohéritiers. Mais comme le trépas de leur père ne doit pas leur nuire, il ne faut pas non plus qu'il leur profite. C'est par cette raison que les partages doivent s'opérer par souche, toutes les fois qu'il y a lieu à représentation.

La règle d'un partage égal entre les deux branches paternelle et maternelle nous a fourni un moyen simple, mais efficace, de couper court à toutes les contestations que faisait naître le privilège du double lien sur le lien simple, c'est-à-dire le privilège de ceux qui descendent du même père et de la même mère sur ceux qui ne descendent que de l'un des deux.

Justinien avait d'abord introduit dans les successions collatérales une préférence en faveur des frères et sœurs conjoints des deux côtés avec le défunt, sur les frères et sœurs qui ne lui tenaient que d'un seul côté. Bientôt il accorda la même préférence aux neveux et nièces qui tenaient au défunt par le double lien.

Nos coutumes présentaient sur ce point la même diversité que sur le droit de représentation. Quelques-unes rejetaient la prérogative du double lien, d'autres l'admettaient selon les dispositions du droit romain ; là, cette prérogative était étendue aux oncles ; ici, elle n'était accordée qu'aux frères et non aux neveux ; ailleurs elle n'était reçue que pour une certaine espèce de biens : enfin venait encore la classe des coutumes muettes, et les auteurs et la jurisprudence se trouvaient partagés sur la règle qu'on devait y suivre.

Toutes ces variations vont heureusement disparaître. Les parens utérins ou consanguins (qui ne sont liés que d'un côté) ne seront pas exclus par les parens germains (ceux qui sont liés des deux côtés) ; mais ils ne prendront part que dans leur ligne ; les germains prendront part dans les deux lignes : ainsi le parent du côté du père aura sa part dans la moitié affectée à la branche paternelle, le parent du côté de la mère partagera la moitié échue à la branche maternelle, le parent des deux côtés sera admis aux partages des deux portions.

Vous connaissez actuellement, citoyens législateurs, les bases fondamentales de la première partie du projet ; je n'ai pas besoin d'entrer dans d'autres détails ; les articles sur les successions déférées aux descendans, aux ascendans, aux collatéraux, sont le résultat fidèle de ce que vous venez d'entendre.

Je dois seulement, avant de passer à d'autres objets, vous dire un mot de quelques dispositions particulières qu'il suffira d'exposer pour en prouver la nécessité et la convenance :

1°. Les ascendans succéderont, à l'exclusion de tous autres, aux choses par eux données à leurs enfans décédés sans postérité.

2°. Lorsqu'un fils mourra sans postérité, s'il laisse des frères et sœurs, la succession sera divisée, moitié pour les père et mère, moitié pour les frères et sœurs ; si le père ou la mère sont morts, ceux-ci auront les trois quarts.

Nous avons encore sur ce point interrogé les affections de la nature. Sans doute des pères et mères doivent succéder de préférence à des collatéraux ; mais lorsque perdant un de leurs enfans, il leur en reste d'autres encore, le partage de la succession entre les pères et les enfans n'est-il pas dans l'ordre de la nature? Dans le droit romain, les ascendans excluaient les frères utérins ou consanguins ; ils concouraient avec les frères germains. Dans la plupart de nos coutumes, les père, mère, aïeul et aïeule succédaient aux meubles et acquêts; ils ne succédaient pas aux propres : dans quelques provinces, les aïeul et aïeule ne succédaient pas, mais seulement les père et mère. Nous avons substitué à ces dispositions diverses une règle juste, simple et d'une application facile. Les père et mère partageront avec leurs autres enfans la succession du fils décédé; ils auront chacun leur quart, et les enfans l'autre moitié. Si l'un des père et mère était décédé, les enfans auraient les trois quarts, qu'ils partageraient entre eux par portions égales, s'ils étaient du même lit. S'ils sont de lits différens, il s'opère une division entre les deux lignes; chaque enfant prend sa part dans la sienne; et s'il n'y a d'enfans que d'un côté, ils recueillent le tout.

Des dispositions si conformes au vœu de la nature n'ont pas besoin d'être expliquées.

Je passe à un autre article, qui n'aura pas plus besoin d'apologie.

Lorsque le défunt laisse un père ou une mère, s'il ne laisse d'ailleurs ni descendans, ni frère, ni sœur, ni neveux, ni aucun ascendant dans l'autre ligne, nous avons conservé dans ce cas au père ou mère survivant l'usufruit du tiers des biens dévolus aux collatéraux, faible consolation sans doute pour le père ou la mère, mais consolation qui pourra leur procurer du soulagement dans l'âge des infirmités et des besoins. Cette disposition est encore fondée sur la volonté présumée du fils qui, certainement, n'eût pas voulu, pour hâter la jouissance des collatéraux, laisser dans la détresse les auteurs de ses jours.

Enfin, nous avons pensé que les parens au-delà du douzième degré ne devaient pas succéder. Les relations de famille sont effacées dans un si grand éloignement, et une longue expérience nous a prouvé que des successions dévolues à de telles distances étaient toujours en proie à une foule de contestations qui concentraient, pour ainsi dire, toute l'hérédité dans la main des gens de justice : heureux encore lorsque la cupidité enflammée ne soutenait pas ses prétentions par de fausses généalogies, si difficiles à reconnaître quand il faut remonter à plusieurs siècles !

Voilà tout ce que j'avais à dire sur cette première partie.

Je passe à la seconde, celle des successions qu'on nomme irrégulières, parce qu'elles ne sont plus déférées dans l'ordre d'une parenté légitime.

Les anciennes lois appelaient, à défaut de parens, l'époux survivant, et à son défaut le domaine.

Nous avons admis ces dispositions; mais n'y a-t-il pas des droits plus légitimes encore, et qui doivent précéder ceux du conjoint et de la république ? Je veux parler des droits des enfans naturels qui ont été reconnus.

Déjà vous avez sanctionné par votre suffrage une loi qui doit en même tems préserver les familles de toute recherche odieuse de la part d'enfans, dont les pères ne sont pas connus, et laisser aux pères la faculté de constater, par leur reconnaissance, l'état des enfans.

Si la nature réclame pour ceux-ci une portion du patrimoine paternel, l'ordre social s'oppose à ce qu'ils le reçoivent dans les mêmes proportions et au même titre que les enfans légitimes.

Il faut en convenir, on ne s'est jamais tenu dans une juste mesure envers les enfans naturels. Un préjugé barbare les flétrissait, même avant leur naissance; et, pendant que nous punissions ces infortunés pour la faute de leurs pères, les vrais, les seuls coupables, tranquilles et satisfaits, n'éprouvaient ni trouble dans leur jouissance, ni altération dans leur considération personnelle.

Ce renversement de tous les principes ne devait pas subsister; et si nous ne sommes pas encore parvenus à imprimer au vice toute la flétrissure qu'il mérite, du moins nous avons effacé la tache du front de l'innocent. Nous avons aussi dû mettre un terme à une espèce de réaction qui tendait à couvrir les enfans naturels d'une faveur qui ne leur est pas due.

Ils ne partageront pas avec les enfans légitimes le titre d'héritier; leurs droits sont réglés avec sagesse, plus étendus quand leur père ne laisse que des collatéraux, plus restreints quand il laisse des enfans légitimes, des frères ou descendans.

Enfin, à défaut de parens, l'enfant-reconnu succédera. Remarquez, je vous prie, que cet avantage n'est accordé qu'à l'enfant reconnu : or, la reconnaissance d'enfans adultérins ou incestueux n'étant pas permise, suivant les dispositions de la loi sur la paternité et la filiation, ils ne pourront réclamer la portion des enfans naturels.

Cependant, comme la recherche de la maternité, admise par la même loi, pourrait entraîner la preuve de commerces adultérins ou incestueux, il a bien fallu assurer des alimens aux fruits malheureux de ces désordres révoltans; mais on n'a pas dû pousser plus loin l'indulgence : il serait inutile de justifier devant vous cet article; et puisse notre siècle être assez heureux pour n'être jamais témoin de son application !

Après avoir fixé les droits des enfans naturels contre la succession de leur père, on a dû établir aussi quelques règles sur leur propre succession : elles sont en petit nombre. Les père ou mère qui auront reconnu un enfant naturel lui succéderont, s'il n'a pas laissé de postérité. Si les père ou mère sont prédécédés, les biens seulement que les enfans naturels en avaient reçus passeront aux frères ou sœurs légitimes; les autres biens seront recueillis par les frères ou sœurs naturels, et au surplus la loi générale sur les successions sera exécutée.

Au défaut d'enfans naturels reconnus, s'ouvre le droit du conjoint survivant, et ensuite celui de la république.

Je ne ferai qu'une observation sur cette partie. Les successions irrégulières ne peuvent s'ouvrir que dans le cas où il ne se présente pas d'héritiers légitimes ; mais ceux-ci ont le droit de réclamer tant que leur action n'est pas prescrite : il a donc fallu veiller à ce que les biens de la succession fussent conservés pour eux, s'ils paraissoient un jour et dans un tems utile. On a dû par conséquent faire constater avec exactitude la masse des biens, et obliger les prétendans à faire un inventaire ; on a dû pareillement les forcer à un emploi du mobilier, ou à donner une caution qui en réponde.

Mais il peut arriver qu'il ne se présente, pour recueillir une succession, ni parens ni enfans naturels, ni époux survivant, ni même la république. La succession est alors vacante. Il faut cependant que les personnes qui ont des droits à exercer contre elle trouvent un contradicteur légitime de leurs prétentions ; la loi leur en donne un dans la personne d'un curateur à la succession vacante. Le projet explique, dans une section particulière, comment sera nommé ce curateur, les formalités qu'il doit remplir, les obligations dont il est tenu ; il indique la caisse dans laquelle on doit verser les fonds. Tout est prévu pour qu'aucune portion de l'actif ne soit soustraite, qu'aucun droit légitime ne soit éludé, et que le curateur, qui n'est qu'un agent de la succession ne puisse, par sa négligence ou par ses infidélités, faire tort, soit aux créanciers, soit aux héritiers qui pourraient se présenter.

Me voici parvenu à la dernière partie du projet, à la manière d'accepter ou de répudier une succession, au mode du partage, à ses effets, et à l'acquit des dettes.

La loi serait imparfaite, si elle ne renfermait pas tout ce qui peut avoir trait à une succession ; si, après avoir commencé par fixer l'instant où elle est ouverte, elle ne parcourait pas tout l'espace qui se trouve entre cette première époque, et le moment où toutes les difficultés sont aplanies, toutes les opérations terminées par un partage définitif et irrévocable qui, fixant la part de chaque héritier, et dans les biens et dans les charges, fait disparaître entre eux toute indivision.

Les règles sur cette partie sont renfermées dans les deux derniers chapitres du projet. Ils contiennent un grand nombre d'articles qui présentent le développement de quelques principes, dont l'exposition ne peut être ni longue ni difficile.

Deux intérêts opposés doivent toujours occuper le législateur en matière de successions, celui des héritiers, celui des créanciers.

L'héritier recueille les biens ; mais la loi ne les lui transmet que sous l'obligation d'acquitter les charges.

Les créanciers peuvent exercer leurs droits contre l'héritier ; mais la loi donne à celui-ci un délai suffisant pour connaître l'état de la succession, et pour réfléchir sur le parti qu'il doit prendre, d'accepter ou de refuser. Il n'est pas dans cette partie du projet une seule disposition qui ne tende à conserver un juste équilibre entre des intérêts également recommandables, pour ne jamais favoriser l'un au préjudice de l'autre.

Les précautions ordonnées ne permettront, ni de se soustraire à la qualité d'héritier quand on l'aura prise, soit expressément dans un écrit authentique ou privé, soit tacitement en faisant des actes qui supposent nécessairement l'intention d'accepter, ni de charger de cette qualité celui qui n'aurait pas voulu la prendre, et qui ne l'aurait pas prise en effet, de manière à ne laisser aucun doute sur sa volonté.

Tant qu'un héritier n'a accepté ni expressément ni tacitement, il conserve sans contredit la faculté de renoncer; et comme son acceptation le rend héritier du moment de l'ouverture de la succession, l'effet de sa renonciation doit aussi remonter à la même époque, et il est réputé n'avoir jamais été héritier.

Une renonciation appelle d'autres héritiers, elle intéresse aussi les créanciers de la succession : un acte de cette nature doit être nécessairement public; il sera fait au greffe du tribunal d'arrondissement dans lequel la succession est ouverte.

La clandestinité pourrait couvrir beaucoup de fraudes : il est inutile sans doute de dire que celui-là ne pourra pas exercer la faculté de renoncer à une succession, qui en aurait diverti ou recelé quelques effets. Il n'est pas moins superflu d'annoncer ici qu'un héritier appelé à une succession utile ne saurait en frustrer ses créanciers par des renonciations dont il aurait peut-être touché secrètement le prix : la bonne foi doit être la base de tous les actes, et les créanciers ont toujours le droit d'accepter, du chef de leur débiteur, une succession qu'ils peuvent croire avantageuse.

Mais ne doit-il pas y avoir un terme moyen entre l'acceptation pure et simple, qui soumet l'héritier à toutes les charges sans exception, quoiqu'elles excèdent de beaucoup les bénéfices, et la renonciation qui le dépouille de tout sans retour, encore que par l'évènement l'actif se trouve surpasser de beaucoup les dettes? Laissera-t-on nécessairement l'héritier entre la crainte d'une ruine totale par une acceptation hasardée, et la certitude d'un dépouillement absolu par une renonciation méticuleuse?

Ces inconvéniens n'avaient pas échappé à nos jurisconsultes; ils avaient dû se faire sentir plus vivement encore chez les Romains, qui attachaient une espèce de honte à mourir sans héritiers. Pour rassurer sur le danger des acceptations on avait admis d'abord le droit de délibérer, qui donnait la possibilité de connaître l'état d'une succession : on accordait au moins un délai de cent jours à l'héritier qui le demandait, et pendant ce tems il pouvait prendre connaissance de tous les papiers et de tous les titres.

Cette précaution pouvait cependant se trouver encore insuffisante, et il arrivait qu'une succession acceptée comme bonne était mauvaise en effet par les charges découvertes dans la suite, et qu'on avait d'abord ignorées.

Justinien crut devoir rassurer entièrement les héritiers, en leur accordant la liberté d'accepter sous bénéfice d'inventaire : l'effet de cette acceptation était d'empêcher la confusion des biens d'une succession avec les biens personnels de l'héritier, d'où il résultait, 1°. que celui-ci n'était tenu des dettes que jusqu'à due concurrence du bénéfice ; 2°. qu'il conservait l'exercice des actions personnelles qu'il pouvait avoir contre le défunt.

Une institution aussi sage a été admise dans les pays coutumiers. A la vérité, comme le droit romain n'y avait pas force de loi, celui qui voulait jouir du bénéfice d'inventaire, était obligé d'obtenir des lettres du prince ; mais elles s'expédiaient sans difficulté à la grande chancellerie : c'était une affaire de pure forme ; il n'en est plus question depuis plusieurs années.

Nous n'avons pas dû repousser dans notre projet une faculté utile à l'héritier, et nullement préjudiciable aux créanciers.

L'héritier aura trois mois pour faire inventaire, et ensuite pour délibérer un délai de quarante jours, qui même pourra être prorogé par le juge, si des circonstances particulières lui en démontrent la nécessité. Pendant ce tems, l'héritier ne peut être contraint à prendre qualité, et il ne peut être exercé de poursuite contre lui.

D'un autre côté, il a été entièrement pourvu à l'intérêt des créanciers, 1°. par l'obligation imposée à l'héritier de déclarer au greffe qu'il entend jouir du bénéfice d'inventaire ; 2°. par la nécessité de faire un inventaire fidèle qui constate le véritable état de la succession; 3°. par les précautions prises pour empêcher le dépérissement ou la soustraction du mobilier; 4°. par la déchéance prononcée contre l'héritier qui n'aurait pas compris tous les effets dans l'inventaire ; 5°. par les formes prescrites pour la vente des meubles et des immeubles ; 6°. par le compte rigoureux que l'héritier doit rendre de son administration.

C'est ainsi que les intérêts opposés de l'héritier et des créanciers ont été scrupuleusement respectés dans le projet, et il ne paraît pas que cette partie soit plus que les autres susceptible d'objections fondées.

Il ne me reste plus qu'à vous parler du partage des successions; c'est l'objet du dernier chapitre; il présente cinq sections : du partage et de sa forme, des rapports, du paiement des dettes, des effets du partage, et de la garantie des lots, de la rescision en matière de partages.

C'est encore ici l'intérêt des héritiers et l'intérêt des créanciers qu'il s'agit de protéger et de maintenir : toutes les dispositions de ce chapitre, comme celles du chapitre précédent, ne sont que la conséquence de quelques principes, dont la vérité ne peut être méconnue.

C'est d'abord un point constant que personne ne peut être contraint de rester avec d'autres dans un état d'indivision. On peut donc toujours demander un partage, s'il est possible, ou la licitation, si le partage ne peut pas s'opérer. Cependant il peut exister quelques causes légitimes de différer, et il n'est pas défendu de suspendre l'exercice de cette action pendant un tems limité : une pareille convention doit être exécutée.

Lorsque le partage s'opère entre héritiers, tous majeurs et présens, ils sont libres d'y procéder dans la forme qu'ils trouvent la plus convenable, et s'il s'élève des difficultés, c'est au tribunal du lieu où la succession est ouverte qu'elles doivent être portées.

Mais, dans le nombre des co-héritiers, il peut se trouver des mineurs, des interdits, des absens, et il a fallu tracer des règles pour maintenir dans leur intégrité des intérêts qui furent toujours placés sous une surveillance spéciale de la loi.

Le législateur doit éviter deux dangers avec le même soin, celui de ne pas pourvoir suffisamment à l'intérêt du plus faible, et celui de blesser les intérêts des majeurs, en les tenant dans une longue incertitude sur la solidité des actes : le projet a prévenu ces deux inconvéniens.

L'apposition des scellés, la nécessité d'un inventaire, les estimations par experts, la formation des masses devant un officier commis à cet effet, les ventes par autorité et sous les yeux de la justice, le tirage des lots au sort, tout garantit, autant que possible, la conservation rigoureuse de tous les droits, et dans les opérations préliminaires du partage, et dans le partage lui-même : l'on a par conséquent dû établir pour règle, que les actes faits avec toutes ces formalités par les tuteurs, sous l'autorisation d'un conseil de famille ou par les mineurs émancipés, assistés de leurs curateurs, seront définitifs. Ils ne pourront être attaqués que pour des causes communes à toutes les parties, telles que le dol, la violence, ou la lésion de plus du quart.

Pour faire un partage, il faut de toute nécessité former avant tout la masse des biens à partager : cette masse se compose et des biens existans actuellement dans la succession, et de ceux que les héritiers peuvent avoir reçus du défunt pendant sa vie.

Dans le droit romain, les enfans venant à la succession de leur père n'étaient pas tenus de rapporter les donations qu'ils en avaient reçues, si elles leur avaient été faites en préciput et avec dispense de rapport.

Nos coutumes inclinaient plus fortement à maintenir l'égalité entre les héritiers; quelques-unes ne permettaient même pas de conserver, en renonçant, les avantages qu'on avait reçus, mais, dans les autres, on avait senti qu'il eût été injuste d'interdire la faculté de marquer une affection particulière à l'un de ses héritiers présomptifs. Celui-ci pouvait retenir l'objet donné, en renonçant à la succession du donateur. Et comme on distinguait dans la même succession autant de successions différentes qu'il y avait de natures de biens ou de coutumes diverses dans lesquelles ces biens étaient situés, la même personne prenait la qualité de donataire ou de légataire dans certains biens ou dans certaines coutumes, et la qualité d'héritier dans les autres.

Ces distinctions subtiles font place à des règles plus simples et plus conformes aux notions communes de la justice. Une loi parti-

culière renfermera dans des bornes convenables l'exercice de la faculté de disposer en faveur d'un héritier présomptif : le donateur
ou le testateur seront libres de déclarer que leurs libéralités sont
faites par préciput, et leur volonté recevra son exécution jusqu'à
concurrence de ce dont ils auront pu disposer. S'ils n'ont pas affranchi l'héritier de l'obligation du rapport, il ne pourra pas s'y
soustraire ; ainsi la volonté du défunt sera toujours la règle qu'on
devra suivre tant qu'elle ne se trouvera pas contraire à la disposition de la loi.

De nombreuses difficultés s'élevaient autrefois sur les questions
si un fils devait rapporter ce qui avait été donné à son père, un
père, ce qui avait été donné à son fils, un époux, ce qui avait été
donné à l'autre époux ; mais la source de toutes ces contestations
est heureusement tarie. Les donations qui n'auront pas été faites à
la personne même de l'héritier seront toujours réputées faites par
préciput, à moins que le donateur n'ait exprimé une volonté contraire.

Toutes les difficultés sur cette matière se rapporteront toujours
nécessairement à ces questions : Par qui est dû le rapport ? à qui
est-il dû ? de quoi est-il dû ? comment doit-il être fait ?

Elles sont résolues dans le projet, de manière à ne laisser aucun
doute.

Le rapport est dû par les héritiers ; il est dû aux co-héritiers, et
non pas aux créanciers ou aux légataires ; il est dû de tout avantage : mais on ne peut ranger dans la classe des avantages, ni les
frais de nourriture, entretien, éducation, apprentissage, ni les
frais ordinaires d'équipement ou de noces, ni les présens d'usage : toutes ces dépenses étaient, de la part du père, une dette, et
non pas une libéralité. En donnant le jour à ses enfans, il avait
contracté l'obligation de les entretenir, de les élever et de les
équiper.

Enfin le rapport doit être fait en nature, s'il est possible, ou
en moins prenant.

Chaque héritier doit avoir sa juste part dans la masse à diviser :
la justice peut être violée, ou en donnant moins, ou en donnant
des effets de moindre qualité et valeur.

Si, dans la succession, on trouve la possibilité de prélèvemens
égaux aux objets donnés, le donataire sera dispensé de faire le rapport en nature. Dans le cas contraire, ce rapport sera exigé.

Vous sentez, citoyens législateurs, combien toutes ces règles,
minutieuses peut-être au premier coup-d'œil, sont cependant essentielles et nécessaires. Vous voyez aussi qu'elles sont fondées sur
des principes de raison et de justice. Je ne m'étendrai pas davantage sur cet objet ; je m'en rapporte à l'impression que la simple
lecture fera certainement sur vos esprits.

Le paiement des dettes est la première et la plus importante
obligation des héritiers : les créanciers, dont l'intérêt ne peut être
révoqué en doute, peuvent s'opposer, pour la conservation de leurs
droits, à ce que le partage soit fait hors de leur présence ; mais ils

ne peuvent pas attaquer un partage fait, *sans fraude*, en leur ab-
sence, à moins qu'il n'eût été procédé au préjudice d'une opposition qu'ils auraient formée ; ils sont bien maîtres d'intervenir, mais
on n'est pas obligé de les appeler.

Le projet règle la proportion dans laquelle les co-héritiers et les
légataires universels contribuent entre eux au paiement des dettes
il conserve au surplus les droits des créanciers sur tous les biens de
la succession, et les règles proposées n'ayant d'ailleurs rien que de
conforme à ce qui s'est pratiqué jusqu'à ce jour, je puis, je dois
me dispenser d'entrer dans une plus longue explication.

Je crois, citoyens législateurs, vous avoir fait connaître l'esprit
qui a dirigé la préparation de la loi : la première intention du Gouvernement a dû être de régler l'ordre des successions, suivant le
vœu de la nature ; sa sollicitude a dû s'occuper ensuite des héritiers des créanciers, véritables parties dans toute succession, pour
n'offenser les intérêts ni des uns ni des autres.

Nous avons tracé des règles claires et précises, et nous avons
cherché à les disposer dans un ordre qui en facilitât l'étude et l'intelligence.

Trop long-tems la volonté publique fut, en quelque manière,
étouffée sous une masse de dispositions éparses, souvent incohé-
rentes, et même contradictoires : chacun pourra désormais, avec
un peu d'application, acquérir du moins la connaissance générale des lois qui doivent régir sa personne et ses propriétés. Il n'en
faut pas davantage dans le cours ordinaire de la vie.

Mais on tomberait dans une étrange et funeste erreur, si l'on
pouvait supposer qu'une connaissance des lois, suffisante pour le
commun des hommes, doit suffire également au magistrat chargé
de les appliquer, ou au jurisconsulte qui exerce aussi une espèce
de magistrature, bien flatteuse, sans doute, puisqu'elle repose sur
une confiance toute volontaire.

Ce n'est que par de longues veilles, et par une profonde médi-
tation sur les principes d'ordre naturel et de justice éternelle auxquels doivent se rattacher toutes les bonnes lois, que l'on peut
apprendre à en faire une juste et prompte application dans cette
variété infinie d'espèces, que font éclore tous les jours mille circonstances imprévues, où la malice inépuisable des plaideurs.

Malgré quelques dispositions bizarres qui ont échappé à d'utiles
et successives réformes ; il sera encore nécessaire d'étudier, dans
nos coutumes, l'histoire de la législation française, et d'y chercher
les premières traces des règles que nous avons dû en extraire comme
plus adaptées au génie français et à nos mœurs actuelles.

Mais c'est sur-tout dans les lois du peuple conquérant et législateur qu'on puisera, pour me servir des expressions d'un auteur
moderne, ces principes lumineux et féconds, ces grandes maximes
qui renferment presque toutes les décisions ou qui les préparent :
c'est là qu'il faut chercher, pour se les rendre familières et propres, ces notions sûres et frappantes qu'on peut regarder comme
autant d'oracles de la justice,

Les compilations du droit romain ne sont pas, j'en conviens, exemptes de quelques défauts ; ni d'un désordre qui doit en rendre l'étude pénible ; mais quel courage ne serait pas soutenu par la perspective de cette riche et abondante moisson qui s'offre au bout de la carrière ? Les lois romaines, tirant d'elles-mêmes toute leur force, sans autre autorité que celle de leur sagesse, ont su commander à tous les peuples l'obéissance et le respect : un consentement unanime les a honorées du titre de raison écrite, et elles devront toujours être l'objet principal des méditations d'un bon magistrat et d'un véritable jurisconsulte.

De tous les priviléges dont l'homme s'enorgueillit, je n'en connais qu'un de réel : c'est celui de pouvoir s'instruire et raisonner : sans doute l'exercice de cette faculté est utile dans tous les états ; mais il est un besoin absolu pour ceux qui prétendent à l'honneur d'éclairer ou de juger leurs concitoyens.

Pardonnez, citoyens législateurs, des réflexions qui ne tiennent peut-être pas directement à l'objet que j'ai dû me proposer ; j'espère cependant que vous ne les jugerez pas déplacées dans un siècle où l'on semble épuiser toutes les ressources de l'esprit pour se dispenser d'acquérir de la science.

Je n'ajouterai qu'un mot : le projet que nous vous présentons, long-tems médité au conseil d'état, a encore acquis un degré de perfection par les observations des commissaires du tribunat. Vous allez en entendre la lecture.

IIe LOI. — *Motifs du Titre premier, exposés au Corps législatif par le Conseiller d'état BIGOT-PRÉAMENEU.*

CITOYENS LÉGISLATEURS, le titre du code civil qui a pour objet les donations entre-vifs et les testamens, rappelle tout ce qui peut intéresser l'homme le plus vivement, tout ce qui peut captiver ses affections. Vous allez prononcer sur son droit de propriété, sur les bornes de son indépendance dans l'exercice de ce droit; vous allez poser la principale base de l'autorité des pères et mères sur leurs enfans, et fixer les rapports de fortune qui doivent unir entre eux tous les autres parens; vous allez régler quelle est dans les actes de bienfaisance, et dans les témoignages d'amitié ou de reconnaissance la liberté compatible avec les devoirs de famille.

Il est difficile de convaincre celui qui est habitué à se regarder comme maître absolu de sa fortune, qu'il n'est pas dépouillé d'une partie de son droit de propriété lorsqu'on veut l'assujétir à des règles, soit sur la quantité des biens dont il entend disposer, soit sur les personnes qui sont l'objet de son affection, soit sur les formes avec lesquelles il manifeste sa volonté.

Ce sentiment d'indépendance dans l'exercice du droit de propriété acquiert une nouvelle force à mesure que l'homme avance dans sa carrière.

2

Lorsque la nature et la loi l'ont établi le chef et le magistrat de sa famille, il ne peut exercer ses droits et ses devoirs, s'il n'a pas les moyens de récompenser les uns, de punir les autres, d'encourager ceux qui se portent au bien, de donner des consolations à ceux qui éprouvent les disgraces de la nature ou les revers de la fortune : ces moyens sont principalement dans le meilleur emploi de son patrimoine, et dans la distribution que sa justice et sa sagesse lui indiquent.

Celui qui a perdu les auteurs de ses jours, et qui n'a pas le bonheur d'être père, croit encore avoir droit à une plus grande indépendance dans ses dispositions : il n'a de penchant à suivre que celui de ses affections ou de la reconnaissance. Si ses parens ont rompu ou n'ont point entretenu les liens qui les ont unis, il ne croit avoir à remplir envers eux aucun devoir.

C'est surtout lorsque l'homme voit approcher le terme de sa vie, qu'il s'occupe le plus du sort de ceux qui doivent après sa mort le représenter. C'est alors qu'il prévoit l'époque où il ne pourra plus, en tenant une balance juste, rendre heureux tous les membres de sa famille, et où les bons parens envers lesquels il avait réellement des devoirs à remplir, ne se distingueront plus de ceux qui n'aspiraient qu'à la possession de ses biens.

C'est dans le temps où la Parque fatale commence à être menaçante, que l'homme cherche sa consolation, et le moyen de se résigner avec moins de peine à la mort, en faisant à son gré la disposition de sa fortune.

Quelques jurisconsultes opposent à ces idées d'indépendance dans l'exercice du droit de propriété, que celui qui dispose pour le tems où il n'existera plus n'exerce point un droit naturel ; qu'il n'y a de propriété que dans la possession qui finit avec la vie ; que la transmission des biens après la mort du possesseur appartient à la loi civile, dont l'objet est de prévenir le désordre auquel la société serait exposée, si ses biens étaient alors la proie du premier occupant, ou s'il fallait les partager entre tous les membres de la société comme une chose devenue commune à tous.

Ces jurisconsultes prétendent que l'ordre primitif et fondamental de la transmission des biens après la mort est celui des successions *ab intestat*, et que si l'homme a quelque pouvoir de disposer pour le temps où il n'existera plus, c'est un bienfait de la loi ; c'est une portion de son pouvoir qu'elle lui cède, en posant les bornes qu'il ne peut excéder, et les formes auxquelles il est assujetti ; que la transmission successive des propriétés n'aurait pu être abandonnée à la volonté de l'homme, volonté qui n'eût pas toujours été manifestée, qui souvent est le jouet des passions, qui, trop variable, n'eût point suffi pour établir l'ordre général que le maintien de la société exige, et que la loi seule peut calculer sur des règles équitables et fixes.

Ce système est combattu par d'autres publicistes, qui le regardent comme pouvant ébranler les fondemens de l'ordre social, en altérant les principes sur le droit de propriété. Ils pensent que ce droit consiste essentiellement dans l'usage que chacun peut faire de ce qui lui appartient, que si sa disposition ne doit avoir lieu qu'après sa mort, elle n'en est pas moins faite pendant sa vie, et qu'en lui contestant la liberté de disposer, c'est réduire sa propriété à un simple usufruit.

Au milieu de ces discussions, il est un guide que l'on peut suivre avec sûreté, c'est la voix que la nature a fait entendre à tous les peuples, et qui a dicté presque toutes les législations.

Les liens du sang, qui unissent et qui constituent les familles, sont formés par les sentimens d'affection que la nature a mis dans le cœur des parens les uns pour les autres. L'énergie de ces sentimens augmente en raison de la proximité de parenté, et elle est portée au plus haut degré entre les pères et mères et leurs enfans.

Il n'est aucun législateur sage qui n'ait considéré ces différens degrés d'affection comme lui présentant le meilleur ordre pour la transmission des biens.

Ainsi la loi civile, pour être parfaite à cet égard, n'a rien à créer, et les législateurs ne s'en sont écartés que quand ils ont sacrifié à l'intérêt de leur puissance le plus grand avantage et la meilleure organisation des familles.

Lorsque la loi ne doit suivre que les mouvemens même de la nature, lorsque, pour la transmission des biens, c'est le cœur de chaque membre de la famille qu'elle doit consulter, on pourrait regarder comme indifférent que la transmission des biens se fît par la volonté de l'homme, ou que ce fût par l'autorité de la loi.

Il est cependant, en partant de ces premières idées, un avantage certain à laisser agir jusqu'à un certain degré la volonté de l'homme.

La loi ne saurait avoir pour objet que l'ordre général des familles. Ses regards ne peuvent se fixer sur chacune d'elles, ni pénétrer dans son intérieur pour calculer les ressources, la conduite, les besoins de chacun de ses membres, et pour régler ce qui conviendrait le mieux à sa prospérité.

Ce sont des moyens de conservation que le père de famille peut seul avoir. Sa volonté sera donc mieux adaptée aux besoins et aux avantages particuliers de sa famille.

L'avantage que la loi peut retirer en laissant agir la volonté de l'homme, est trop précieux pour qu'elle le néglige, et dès-lors elle n'a plus à prévoir que les inconvéniens qui pourraient résulter de ce qu'on aurait entièrement livré le sort des familles à cette volonté.

Elle peut n'avoir pas été manifestée, soit par négligence, soit par l'incertitude du dernier moment; elle peut aussi être dégradée par des passions injustes: mais soit que le chef de famille n'ait pas rempli sa mission, soit qu'il ait violé les devoirs et les sentimens naturels, la loi ne devra se mettre à sa place que pour réparer ses omissions ou ses torts.

Si la volonté n'a pas été manifestée, la loi n'a point à établir

une règle nouvelle : elle se conforme, dans l'ordre des successions, à ce que font les parens lorsqu'ils suivent les degrés naturels de leur affection. Si ce n'est pas la volonté déclarée de celui
qui est mort, c'est sa volonté présumée qui exerce son empire.

Lorsqu'elle est démentie par la raison, lorsqu'au lieu de l'exercice du plus beau droit de la nature, c'est un outrage qui lui est
fait ; lorsqu'au lieu du sentiment qui porte à conserver, c'est un
sentiment de destruction et de désorganisation qui a dicté cette
volonté, la loi ne fait encore que la dégager des passions nuisibles, pour lui conserver ce qu'elle a de raisonnable. Elle n'anéan-
tit point les libéralités excessives ; elle ne fait que les réduire.
La volonté reste entière dans tout ce qu'elle a de compatible avec
l'ordre public.

Ainsi les propriétaires les plus jaloux de leur indépendance
n'ont rien à regretter : ils ne peuvent la regarder comme altérée
par la loi civile, soit que cette loi supplée à leur volonté non
manifestée, en établissant l'ordre des successions, soit que par
des règles sur les donations et les testamens, elle contienne cette
volonté dans des bornes raisonnables.

Que la faculté de disposer de ses biens soit un bienfait de la
loi, ou que ce soit l'exercice du droit de propriété, rien n'est
plus indifférent, pourvu que la loi ne soit pas contraire aux principes qui viennent d'être exposés. S'il en était autrement, si le
législateur, dirigé par des vues politiques, avait rejeté le plan
tracé par la nature pour la transmission des biens ; si la faculté
de disposer était resserrée dans des limites trop étroites, il serait
dérisoire de soutenir que cette faculté ainsi réduite fût encore un
bienfait, et que sous l'empire d'une pareille loi il y eût un libre exercice du droit de propriété.

Mais heureusement le système dans lequel la faculté de disposer
a toute l'étendue que comportent les sentimens et les devoirs de
famille, est celui qui s'adapte le mieux à toutes les formes de
gouvernemens, à moins qu'ils ne soient absolument despotiques.

En effet, lorsque les familles auront un intérêt politique à ce
que la distribution des biens reçoive des modifications, d'une
part cet intérêt entrera dans les calculs du père de famille, et
de l'autre son ambition ou sa vanité seront contenues par les devoirs que la loi ne lui permettra pas de transgresser. La loi qui
donnerait à l'ambition la facilité de sacrifier ces devoirs, serait
destructive des familles, et sous aucun rapport elle ne pourrait
être bonne.

Il faut encore observer que la loi civile, qui s'écarte le moins
de la loi naturelle par cela même qu'elle est susceptible de se plier
aux différentes formes de gouvernemens, est aussi celle qui peut
le mieux fixer le droit de propriété, et le préserver d'être ébranlé
par les révolutions.

Lorsque la faculté de disposer, renfermée dans de justes bornes,
présente de si grands avantages, il n'est point surprenant qu'elle
se trouve consacrée dans presque toutes les législations.

Les plus anciens monumens de l'histoire fournissent les preuves de l'usage des testamens, sans que l'on puisse y découvrir l'époque où cet usage a commencé.

Il eut lieu chez les Egyptiens.

On le retrouve dans les villes de Lacédémone, d'Athènes, et dans toutes les contrées de la Grèce.

Lorsqu'environ trois cents ans après la fondation de Rome, ses députés revinrent d'Athènes avec le recueil de lois qu'ils adoptèrent, celle qui concerne les testamens est exprimée en ces termes : *Paterfamilias, uti legassit super familiâ pecuniâque suâ, itâ jus esto.*

Ainsi les Romains, pénétrés alors plus que jamais du sentiment de la liberté publique, ne lui trouvèrent pas de fondement plus solide, qu'en donnant au père de famille une autorité absolue. Ils craignirent sans doute que la loi ne s'égarât plutôt que l'affection des pères, et cette grande mesure fut une des bases de leur gouvernement.

Les testamens étaient connus dans les Gaules avant que le droit romain y fût introduit. Marculfe, dans son Recueil de formules, nous a conservé celles qu'on employait pour transmettre ainsi ses biens.

La faculté de disposer, soit par donation, soit par testament, fait partie de la législation de tous les peuples de l'Europe.

Chez les uns, et c'est, comme on l'a déjà observé, le plus grand nombre, les législateurs ont pris pour base de tout leur système la présomption des différens degrés d'affection des parens entre eux, et leur confiance dans cette affection les a déterminés à laisser aux parens eux-mêmes toute la liberté qui est compatible avec les devoirs que la nature ne permet pas de transgresser.

D'autres législateurs ont aussi établi l'ordre de succéder sur les présomptions d'affection, suivant les degrés de parenté ; mais par une sorte de contradiction, n'ayant aucune confiance dans les parens, ils ont mis des bornes étroites à la faculté de disposer envers leurs parens. Cette volonté a même été, dans quelques pays, entièrement enchaînée.

D'autres enfin se sont écartés de ces principes ; ils ont cru qu'ils pouvaient mettre au nombre des ressorts de leur autorité le mode de transmission et de répartition des biens. Ils ne se sont pas bornés à donner une impulsion à la volonté de l'homme, ils l'ont rendue presque nulle en ne lui confiant qu'une petite partie de biens.

On n'a point hésité, dans la loi qui vous est proposée, à donner la préférence au système fondé sur les degrés d'affection entre parens, et sur la confiance à laquelle cette affection leur donne droit.

Après avoir posé ce principe fondamental sur la transmission des biens, il a fallu en déduire les conséquences.

Déjà celles qui sont relatives aux biens des personnes qui meurent sans en avoir disposé, vous ont été présentées dans le titre *des successions.*

Il reste à régler ce qui concerne les donations entre vifs et les testamens.

Il faut d'abord établir les principes généraux, fixer ensuite la quotité des biens dont on pourra disposer, et enfin prescrire des formes suffisantes pour constater la volonté de celui qui dispose, et pour en assurer l'exécution. Tel est le plan général et simple de cette importante loi.

Parmi les règles communes à tous les genres de dispositions, et que l'on a placées en tête de la loi, la plus importante est celle qui confirme l'abolition des substitutions fidéi-commissaires.

Cette manière de disposer, dont on trouve les premières traces dans la législation romaine, n'entra point dans son système primitif de transmission des biens. Le père de famille put, avec une entière indépendance, distribuer sa fortune entre ceux qui existaient pour la recueillir. Ils n'eurent point l'autorité de créer à leur gré un ordre de successions, et d'enlever ainsi la prérogative de ceux qui, dans chaque génération, devaient aussi être investis de la même magistrature.

L'esprit de fraude introduisit les substitutions : l'ambition se saisit de ce moyen, et l'a perpétué.

On avait réussi à éluder la loi pour avantager des personnes incapables de recevoir; on essaya le même moyen pour opérer une transmission successive au profit même de ceux qui ne seraient point sous le coup des lois exclusives.

Ce ne fut que sous Auguste, dans le huitième siècle depuis la fondation de Rome, que les fidéi-commis au profit de personnes capables furent autorisés par les lois.

En France on comptait dix coutumes qui formaient environ le cinquième de son territoire, où la liberté de substituer avait été défendue, ou au moins resserrée dans des bornes très-étroites.

Dans le reste de la France, les substitutions furent d'abord admises d'une manière aussi indéfinie que chez les Romains, qui n'avaient point mis de bornes à leur durée.

Il était impossible de concilier avec l'intérêt général de la société cette faculté d'établir un ordre de succession perpétuel et particulier à chaque famille, et même un ordre particulier à chaque propriété qui était l'objet des substitutions. L'ordonnance d'Orléans, de 1560, régla que celles qui seraient faites à l'avenir ne pourraient excéder deux degrés; mais ce remède n'a point fait cesser les maux qu'entraîne cette manière de disposer.

L'expérience a prouvé que, dans les familles opulentes, cette institution n'ayant pour but que d'enrichir l'un de ses membres en dépouillant les autres, était un germe toujours renaissant de discorde et de procès. Les parens nombreux qui étaient sacrifiés, et que le besoin pressait, n'avaient de ressource que dans les contestations qu'ils élevaient, soit sur l'interprétation de la volonté, soit sur la composition du patrimoine, soit sur la part qu'ils pouvaient distraire des biens substitués, soit enfin sur l'omission ou l'irrégularité des formes exigées.

Chaque grevé de substitution n'étant qu'un simple usufruitier, avait un intérêt contraire à celui de toute amélioration; ses efforts tendaient à multiplier et à anticiper les produits qu'il pourrait retirer des biens substitués, au préjudice de ceux qui seraient appelés après lui, et qui chercheraient à leur tour une indemnité dans de nouvelles dégradations.

Une très-grande masse de propriétés se trouvait perpétuellement hors du commerce; les lois qui avaient borné les substitutions à deux degrés n'avaient point paré à cet inconvénient; celui qui, aux dépens de sa famille entière, avait joui de toutes les prérogatives attachées à un nom distingué, et à un grand patrimoine, ne manquait pas de renouveler la même disposition, et si, par le droit, chacune d'elles était limitée à un certain tems, elles devenaient par le fait de leur renouvellement des substitutions perpétuelles.

Ceux qui déjà étaient chargés des dépouilles de leurs familles avaient la mauvaise foi d'abuser des substitutions pour dépouiller aussi leurs créanciers; une grande dépense faisait présumer de grandes richesses; le créancier qui n'était pas à portée de vérifier les titres de propriété de son débiteur, ou qui négligeait de faire cette perquisition, était victime de sa confiance, et dans les familles auxquelles les substitutions conservaient les plus grandes masses de fortune, chaque génération était le plus souvent marquée par une honteuse faillite.

Les substitutions ne conservaient des biens dans une famille qu'en sacrifiant tous ses membres pour réserver à un seul l'éclat de la fortune; une pareille répartition ne pouvait être établie qu'en étouffant tous les sentimens de cette affection, qui est la première base d'une juste transmission des biens entre les parens; il ne saurait y avoir un plus grand vice dans l'organisation d'une famille, que celui de tenir dans le néant tous ses membres pour donner à un seul une grande existence; de réduire ceux que la nature a faits égaux à implorer les secours et la bienfaisance du possesseur d'un patrimoine qui devrait être commun; et rarement l'opulence, sur-tout lorsque son origine n'est pas pure, inspire des sentimens de bienfaisance et d'équité.

Enfin, si les substitutions peuvent être mises au nombre des institutions politiques, on y supplée d'une manière suffisante et propre à prévenir les abus, en donnant pour disposer toute la liberté compatible avec les devoirs de famille.

Ce sont tous ces motifs qui ont déterminé à confirmer l'abolition des substitutions, déjà prononcée par la loi d'octobre 1792.

Les règles sur la capacité de donner ou de recevoir par donations entre-vifs ou par testament, font la matière du premier chapitre.

Il résulte des principes déjà exposés sur le droit de propriété, que toute personne peut donner ou recevoir de l'une et de l'autre manière, à moins que la loi ne l'en déclare incapable.

La volonté de celui qui dispose doit être certaine.

Cette volonté ne peut même pas exister, s'il n'est pas sain d'esprit.

Il a suffi d'énoncer ainsi ce principe général, afin de laisser aux juges la plus grande liberté dans son application.

Celui qui dispose de sa fortune, doit aussi être parvenu à l'âge où il peut avoir la réflexion et les connaissances propres à le diriger.

La loi ne peut, à cet égard, être établie que sur des présomptions.

Il fallait choisir entre celle qui résulte de l'émancipation, et celle que l'on peut induire d'un nombre fixe d'années.

Plusieurs motifs s'opposaient à ce qu'on prit pour règle l'émancipation.

Les père et mère peuvent émanciper leur enfant lorsqu'il a quinze ans révolus. On leur a donné ce droit en comptant que leur affection continuerait à guider l'enfant qui n'aurait pas encore, dans un âge aussi tendre, les connaissances suffisantes pour diriger sa conduite; c'est aussi par ce motif que le mineur qui a perdu ses père et mère, ne peut être émancipé avant dix-huit ans.

Cependant la faculté de disposer doit être exercée par un acte de volonté propre et indépendante des père et mère ou des tuteurs. La volonté ne pouvait pas être présumée raisonnable à l'égard de certains mineurs à quinze ans, à l'égard des autres à dix-huit seulement.

Cette volonté n'eût pas été indépendante, si les mineurs n'avaient pu l'exercer que dans le cas où ils auraient été émancipés, soit par leurs pères ou mères, soit à la demande de leurs parens. La crainte que le mineur ne fît des dispositions contraires à leurs intérêts eût pu quelquefois être un obstacle à l'émancipation.

D'ailleurs, dans l'état actuel de la civilisation, un mineur a reçu avant l'âge de seize ans une instruction suffisante pour être attaché à ses devoirs envers ses parens. La volonté du mineur parvenu à la seizième année peut avoir acquis une maturité suffisante pour qu'il soit à cet égard le maître, non de la totalité de sa fortune, mais seulement de la moitié des biens dont la loi permet au majeur de disposer.

Cependant on a fait une distinction juste entre les donations entre-vifs et celles par testament. La présomption que la disposition faite par le mineur pour le tems où il n'existerait plus serait raisonnable, ne pouvait s'appliquer aux donations entre-vifs, par lesquelles le mineur se dépouillerait irrévocablement de sa propriété. Cela serait contraire au principe suivant lequel il ne peut faire, même à titre onéreux, l'aliénation de la moindre partie de ses biens. Dans les donations entre-vifs, la loi présume que le mineur serait la victime de ses passions. Dans les dispositions testamentaires, l'approche ou la perspective de la mort ne lui permettra plus de s'occuper que des devoirs de famille ou de reconnaissance.

Il ne suffit pas que la volonté soit certaine, il faut encore qu'elle n'ait pas été contrainte ou extorquée par l'empire qu'aurait eu sur l'esprit du donateur celui au profit duquel est la disposition.

Cet empire est tel de la part d'un tuteur sur son mineur ; et les abus seraient à cet égard si multipliés, qu'il a été nécessaire d'interdire au mineur émancipé la faculté de disposer, même par testament, au profit de son tuteur.

On n'a pas voulu que les tuteurs pussent concevoir l'espérance qu'au moyen des dispositions qu'ils obtiendraient de leurs mineurs parvenus à la majorité, ils pourraient se dispenser du compte définitif de tutelle. Tous les droits de la minorité continuent même au profit du majeur contre celui qui a été son tuteur, jusqu'à ce que les comptes soient rendus et apurés ; et l'expérience a prouvé qu'il était nécessaire d'interdire au mineur devenu majeur la faculté de renoncer à ce compte. Cette règle serait facilement éludée, si des donations entre-vifs ou testamentaires acquittaient le tuteur et rendaient ses comptes inutiles.

On a seulement excepté les pères et mères, ou autres ascendans ; et, quoiqu'ils soient tuteurs, la piété filiale doit se présumer plutôt que la violence ou l'autorité.

La loi regarde encore comme ayant trop d'empire sur l'esprit de celui qui dispose, et qui est atteint de la maladie dont il meurt, les médecins, les chirurgiens, les officiers de santé ou les pharmaciens qui le traitent. On n'a point cependant voulu que ce malade fût privé de la satisfaction de leur donner quelques témoignages de reconnaissance, eu égard à sa fortune et aux services qui lui auraient été rendus.

Il eût aussi été injuste d'interdire les dispositions, celles mêmes qui seraient universelles, faites dans ce cas par un malade au profit de ceux qui le traiteraient et qui seraient ses parens. S'il y avait des héritiers en ligne directe, du nombre desquels ils ne seraient pas, la présomption, qui est la cause de leur incapacité, reprendrait toute sa force.

Ce serait en vain que la loi aurait, par ces motifs, déclaré les personnes qui viennent d'être désignées, incapables de recevoir, si on pouvait déguiser la donation entre-vifs sous le titre de contrat onéreux, ou si on pouvait disposer sous le nom de personnes interposées.

C'est à la prudence des juges, lorsque le voile qui cache la fraude est soulevé, à ne se déterminer que sur des preuves, ou au moins sur des présomptions assez fortes pour que les actes dont la fraude s'est enveloppée ne méritent plus aucune confiance. Si c'est un acte déguisé sous un titre onéreux, il doit être annullé lorsqu'il est prouvé que celui qui l'a passé n'a pas voulu faire un contrat onéreux qui lui était permis, mais que son intention a été d'éluder la loi, en disposant au profit d'une personne incapable.

On a désigné les personnes que les juges pourront toujours regarder comme interposées : ce sont les père et mère, les descendans, et l'époux de la personne incapable.

La loi garde le silence sur le défaut de liberté qui peut résul-

ter de la suggestion et de la captation, et sur le vice d'une volonté déterminée par la colère ou par la haine. Ceux qui ont en-
trepris de faire annuller des dispositions par semblables motifs,
n'ont presque jamais réussi à trouver des preuves suffisantes pour
faire rejeter des titres positifs; et peut-être vaudrait-il mieux,
pour l'intérêt général, que cette source de procès ruineux et scandaleux fût tarie, en déclarant que ces causes de nullité ne seraient
pas admises; mais alors la fraude et les passions auraient cru avoir
dans la loi même un titre d'impunité. Les circonstances peuvent
être telles que la volonté de celui qui a disposé n'ait pas été libre,
ou qu'il ait été entièrement dominé par une passion injuste. C'est
la sagesse des tribunaux qui pourra seule apprécier ces faits, et
tenir la balance entre la foi due aux actes et l'intérêt des familles.
Ils empêcheront qu'elles ne soient dépouillées par les gens avides
qui subjuguent les mourans, ou par l'effet d'une haine que la
raison et la nature condamnent.

On ne met pas au nombre des incapables de recevoir, les hospices, les pauvres d'une commune et les établissement d'utilité
publique. Il est, au contraire, à desirer que l'esprit de bienfaisance qui caractérise les Français, répare les pertes que ces établissemens ont faites pendant la révolution; mais il faut que le
gouvernement les autorise. Ces dispositions sont sujettes à des règles dont il doit maintenir l'exécution. Il doit connaître la nature
et la quantité des biens qu'il met ainsi hors du commerce, il doit
même empêcher qu'il n'y ait dans ces dispositions un excès con-
damnable.

Une dernière règle à rappeler sur la capacité de disposer, est
celle qui établit la réciprocité entre les Français et les étrangers.
On ne pourra disposer au profit d'un étranger que dans le cas où
un étranger pourrait disposer au profit d'un Français.

Après avoir établi ces principes préliminaires sur les caractères
d'une volonté certaine et raisonnable, sans laquelle on est incapable de disposer, la loi pose les règles qui sont le principal objet
de ce titre du Code; règles qui doivent avoir une si grande influence
sur les mœurs de la nation et sur le bonheur des familles. Elle fixe
quelle sera la portion de biens disponible.

Il est sans doute à présumer que chacun, en suivant son affection, ferait de sa fortune la répartition la plus convenable au bonheur de sa famille et aux droits naturels de ses héritiers les plus
proches, et que cette affection serait encore moins sujette à s'égarer
dans le cœur de celui qui laisserait une postérité;

Mais lors même que la loi a cette confiance, elle doit prévoir
qu'il est des abus inséparables de la faiblesse et des passions humaines, et qu'il est des devoirs dont elle ne peut, en aucun cas,
autoriser la violation.

Les pères et mères qui ont donné l'existence naturelle ne doivent point avoir la liberté de faire arbitrairement perdre, sous un
rapport aussi essentiel, l'existence civile; et, s'ils doivent rester
libres dans l'exercice de leur droit de propriété, ils doivent aussi

remplir les devoirs que la paternité leur a imposés envers leurs enfans et envers la société.

C'est pour faire connaître aux pères de famille les bornes au-delà desquelles ils seraient présumés abuser de leur droit de propriété en manquant à leurs devoirs de pères et de citoyens que, dans tous les temps et chez presque tous les peuples policés, la loi a réservé aux enfans, sous le titre de légitime, une certaine quotité des biens de leurs ascendans.

Chez les Romains, le droit du Digeste et du Code avoit réduit au quart des biens la légitime des enfans.

Elle fût augmentée par la 18e novelle qui la fixa au tiers, s'il y avait quatre enfans ou moins ; et, à la moitié, s'ils étaient cinq ou plus.

On distinguait en France les pays de droit écrit et ceux de coutumes.

Dans presque tous les pays de droit écrit, la légitime en ligne directe et descendante était la même que celle établie par la novelle.

Les coutumes étaient à cet égard distinguées en plusieurs classes.

Les unes adoptaient ou modifiaient les règles du droit écrit ;

D'autres, et de ce nombre était la coutume de Paris, établissaient spécialement une légitime.

Quant aux coutumes où elle n'était pas fixée, l'usage ou la jurisprudence y avaient admis les règles du droit romain, ou celles de la coutume de Paris, à l'exception de quelques modifications que l'on trouve dans un petit nombre de ces coutumes.

Celle de Paris a fixé la légitime à la moitié de la part que chaque enfant aurait eue dans la succession de ses père et mère, et des autres ascendans, s'ils n'avaient fait aucune disposition entre-vifs ou testamentaire.

Pendant la révolution, la loi du 17 nivôse an 2, (art. 16) avait limité au dixième du bien la faculté de disposer, si on avait des héritiers en ligne directe.

La loi du 4 germinal an 8 a rendu aux pères et mères une partie de leur ancienne liberté ; elle a permis les libéralités qui n'excéderaient pas le quart des biens, s'ils laissaient moins de quatre enfans ; le cinquième, s'ils en laissaient quatre ; le sixième, s'ils étaient au nombre de cinq, et ainsi de suite.

En faisant le projet de loi qui vous est présenté, on avait à examiner les avantages et les inconvéniens de chacune de ces règles, afin de reconnaître celle qui serait fondée sur la combinaison la plus juste du droit de disposer et des devoirs de la paternité.

A Rome, il entrait dans le système du gouvernement d'un peuple guerrier que les chefs de famille eussent une autorité absolue, sans craindre que la nature en fût outragée. Lorsque sa civilisation se perfectionna, et que l'on voulut modifier des mœurs antiques, il aurait été impossible de les régler comme si c'eût été une institution nouvelle. Non-seulement chaque père entendait jouir sans restriction de son droit de propriété, mais encore il avait été constitué le législateur de sa famille. Mettre des bornes au droit de disposer, c'était dégrader cette magistrature suprême. Aussi pendant plus de douze siècles, la légitime des enfans, quel que fût leur nombre, ne fut-elle pas portée au-delà du quart des biens. Ce ne fut qu'au déclin de ce grand empire que les enfans obtinrent à ce titre le tiers des biens, s'ils étaient au nombre de quatre ou au-dessus, ce qui était le cas le plus ordinaire, et la moitié, s'ils étaient en plus grand nombre.

Cette division avait l'inconvénient de donner des résultats incohérens.

S'il y avait quatre enfans, la légitime était d'un douzième pour chacun, tandis que s'il y en avait cinq, chaque part légitimaire était du dixième. Ainsi la part qui doit être plus grande quand il y a moins d'enfans, se trouvait plus petite. Ce renversement de l'ordre naturel n'était justifié par aucun motif.

La coutume de Paris a mis une balance égale entre le droit de propriété et les devoirs de famille. Les auteurs de cette loi ont pensé que les droits et les devoirs des pères et mères sont également sacrés, qu'ils sont également fondamentaux de l'ordre social, qu'ils forment entre eux un équilibre parfait, et que si l'un ne doit pas l'emporter sur l'autre, le cours des libéralités doit s'arrêter quand la moitié des biens est absorbée.

Le système de la loi parisienne est d'une exécution simple. On y trouve toujours une proportion juste dans le traitement des enfans, eu égard à leur nombre et à leur droit héréditaire.

Mais elle peut souvent donner des résultats contraires à ceux que l'on se propose.

On veut que chaque enfant ait une quotité de biens suffisante pour qu'il ne perde pas l'état dans lequel l'ont placé les auteurs de ses jours. On ne doit donc pas laisser la liberté de disposer d'une moitié dans le cas où les enfans se trouveraient par leur nombre à être réduits à une trop petite portion.

Le meilleur système est celui dans lequel on a égard au nombre des enfans, en même-tems qu'on laisse aux pères et mères toute la liberté compatible avec la nécessité d'assurer le sort des enfans.

La législation romaine a eu égard à leur nombre; mais elle est susceptible de rectification dans les proportions qu'elle établit.

Ainsi, lorsqu'elle donne au père le droit de disposer des deux tiers, si ses enfans ne sont pas au-dessus du nombre de quatre, elle n'a point fait entrer en considération que la liberté de celui qui n'est obligé de pourvoir qu'un seul enfant, ne doit pas être autant limitée que lorsqu'il en a plusieurs.

La liberté de disposer des deux tiers des biens, lors même que les enfans étaient au nombre de quatre, était trop considérable, comme celle qui est donnée par la loi du 4 germinal an 8, et qui ne comprend que le quart, s'il y a moins de quatre enfans, et une portion virile seulement, s'il y en a un plus grand nombre, est trop bornée.

La coutume de Paris était fondée sur un principe plus juste

lorsque, balançant le droit de la propriété et les devoirs de la paternité, elle avait établi que dans aucun cas il ne serait permis au père de disposer de plus de la moitié de ses biens.

C'était une raison décisive pour partir de ce point, en restreignant ensuite cette liberté dans la proportion qu'exigerait le nombre des enfans.

On n'a pas cru devoir admettre la graduation qui se trouve dans la loi du 4 germinal an 8, et suivant laquelle la faculté donnée au père, et réduite à une portion virile, devient presque nulle lorsqu'il a un grand nombre d'enfans.

Il faut, en effet, considérer que l'ordre conforme à la nature est celui dans lequel les père et mère ne voudront disposer de leur propriété qu'au profit de leurs enfans, et pour réparer les inégalités naturelles ou accidentelles.

Lorsque le nombre des enfans est considérable, la loi doit réserver à chacun d'eux une quotité suffisante, sans trop diminuer dans la main du père les moyens de fournir à des besoins particuliers qui sont alors plus multipliés.

Ce sont toutes ces considérations qui ont déterminé à adopter la proportion dans laquelle les libéralités, soit par actes entrevifs, soit par testament, ne pourront excéder la moitié des biens, s'il n'y a qu'un enfant légitime ; le tiers, s'il en laisse deux; et le quart, s'il en laisse trois ou un plus grand nombre.

La loi devait-elle faire une réserve au profit des ascendans ?

Les Romains reconnaissaient que si les pères doivent une légitime à leurs enfans, c'est un devoir dont les enfans sont également tenus envers leurs pères.

Quemadmodum à patribus liberis, ita à liberis patribus deberi legitimam.

En France, d'après le système de la division des biens en propres et acquêts, le sort des ascendans n'était pas le même dans les pays de coutume, et dans ceux de droit écrit.

Un très-petit nombre de coutumes leur donnait une légitime ; dans d'autres, elle leur avait été accordée par une jurisprudence à laquelle avait succédé celle qui la refusait d'une manière absolue.

Les enfans étaient obligés de conserver à leurs collatéraux presque tous les biens propres dont ces ascendans étaient exclus.

Si on n'avait pas laissé à ces enfans la disposition des meubles et des acquêts à la succession desquels les ascendans étaient appelés par la loi, ils eussent été presque entièrement privés de la liberté de disposer.

Dans les pays de droit écrit, et dans quelques coutumes qui s'y conformaient, les ascendans avaient une légitime. Elle consistait dans le tiers des biens. Le partage de ce tiers se faisait également entre eux. Il n'y avait point de légitime pour les aïeuls, quand les père et mère, ou l'un d'eux survivaient, parce qu'en ligne ascendante il n'y a point de représentation.

La comparaison du droit écrit avec celui des coutumes, respectivement aux ascendans, ne pouvait laisser aucun doute sur la préférence due au droit écrit.

Le droit coutumier en donnant les propres aux collatéraux, et en laissant aux enfans la libre disposition des meubles et acquêts, ne prenait point assez en considération les devoirs et les droits qui résultent des rapports intimes entre les père et mère et leurs enfans.

Les devoirs des enfans ne sont pas, sous le rapport de l'ordre social, aussi étendus que ceux des pères et mères, parce que le sort des ascendans est plus indépendant de la portion des biens qui leur est assurée dans la fortune de leurs descendans, que l'état des enfans ne dépend de la part qu'ils obtiennent dans les biens de leurs pères et mères.

La réserve ne sera par ce motif que de moitié des biens au profit des ascendans, et sans égard à leur nombre, lorsqu'il y en aura dans chacune des lignes paternelle ou maternelle.

S'il n'y a d'ascendant que dans l'une des lignes, cette réserve ne sera que du quart.

Déjà on a établi dans le titre des successions une règle que l'on doit regarder comme une des bases principales de tout le système de la transmission des biens par mort.

C'est leur division égale entre les deux lignes paternelle et maternelle, lorsque celui qui meurt ne laisse ni postérité, ni frères ni sœurs. Cette division remplira sans inconvénient le vœu généralement exprimé pour la conservation des biens dans les familles.

Le sort des ascendans n'était point assez dépendant d'une réserve légale, pour qu'on pût, en l'établissant, s'écarter d'une règle aussi essentielle, et puisque, suivant cette règle, les biens affectés à la ligne dans laquelle l'ascendant ne se trouve pas lui sont absolument étrangers, la réserve ne peut pas porter sur la portion à laquelle il ne pourrait avoir aucun droit par succession.

Devait-on limiter la faculté de disposer en collatérale, ou ne fallait-il pas au moins établir une réserve en faveur des frères et des sœurs ?

Toutes les voix se sont réunies pour que les collatéraux en général ne fussent point un obstacle à l'entière liberté de disposer.

Il en avait toujours été ainsi dans les pays de droit écrit.

Dans ceux des coutumes, les biens étaient distingués en propres et acquêts, et la majeure partie des propres étaient réservés aux collatéraux, sans que l'on pût en disposer gratuitement.

Ce système de la distinction des biens en propres et acquêts avait principalement pour objet de conserver les mêmes biens dans chaque famille.

On voulait maintenir et multiplier les rapports propres à entretenir, même entre les parens d'un degré éloigné, les sentimens de bienveillance, et cette responsabilité morale, qui suppléent si efficacement à la surveillance des lois. Resserrer et multiplier les liens des familles, tel fut, et tel sera toujours le ressort le plus utile dans toutes les formes de gouvernement, et la plus sûre garantie du bonheur public. Les auteurs du régime des propres et des réserves pensaient que la transmission des mêmes biens d'un parent à l'autre étaient un moyen de resserrer leurs liens, et que les degrés

par lesquels on tenait à un auteur commun, semblaient se rapprocher lorsque les parens se rapprochaient réellement pour partager
les biens que ses travaux avaient le plus souvent mis dans la famille, et qui en perpétuaient la prospérité.

La conservation des mêmes biens dans les familles sous le nom
de propres a pu s'établir, et avoir de bons effets dans le tems où les
ventes des immeubles étaient très-rares, et où l'industrie n'avait
aucun ressort.

Mais depuis que la rapidité du mouvement commercial s'est
appliquée aux biens immobiliers comme à tous les autres ; depuis
que les propriétaires, habitués à dénaturer leurs biens, ont pu
facilement secouer le joug d'une loi qui les privait de la faculté
de disposer des propres, il a été aussi facile que fréquent de s'y
soustraire. Elle est devenue impuissante pour atteindre à son but,
et lorsqu'elle eût dû être le lien des familles, elle les troublait
par des procès sans nombre.

Déjà la loi des propres avait été abolie pendant la révolution ;
on ne devait plus songer à la rétablir. C'est ainsi que certaines
lois dépendent des mœurs et des usages existans au tems où elles
s'établissent, et ne sont que transitoires.

C'est encore ainsi qu'il est facile d'expliquer pourquoi tout le
régime des propres et acquêts, et de perpétuité des mêmes biens
dans les familles, était inconnu aux Romains, et à ceux qui ont
conservé leur législation.

L'ordre public et l'intérêt des familles s'accordent pour que
chacun soit maintenu dans le droit de propriété dont résulte la
liberté de disposer, à moins qu'il n'y ait des considérations assez puissantes et assez positives pour exiger à cet égard un
sacrifice.

C'est ce sentiment d'une pleine liberté qui fait prendre à l'industrie tout son essor et braver tous les périls. Celui-là croit ne
travailler que pour soi, et ne voit point de terme à ses jouis-
sances, quand il est assuré que les produits de son travail ne seront transmis qu'à ceux qu'il déclarera être les objets de son
affection : l'intérêt général des familles dans un siècle où l'industrie met en mouvement le plus grand nombre des hommes est
bien différent de l'intérêt de ces familles casanières, au milieu
desquelles les coutumes se formèrent il y a plusieurs siècles : il
est évident que ce qui maintenant leur importe le plus, est que
les moyens de prospérité s'y multiplient ; et lorsque dans le
cours naturel des affections, les parens les plus proches seront
préférés, ils entendraient mal leurs intérêts, s'ils les re-
gardaient comme étant lésés par cette liberté dont ils doivent
profiter.

Mais, d'ailleurs, quel moyen pourrait-on trouver de s'opposer
à cet exercice du droit de propriété ? il n'est en ce genre aucune
prohibition qui ne soit susceptible d'être éludée.

Lorsqu'il s'agit d'un droit aussi précieux, et qui est exercé
depuis tant de siècles par la plus grande partie de la nation,

la loi qui l'abolirait serait au nombre de celles qui ne pourraient long-tems résister à l'opinion publique. Nul ne se ferait le moindre scrupule de la violer ; l'esprit de mensonge et de fraude dans les actes se propagerait ; le règne de la loi cesserait, la et corruption continuerait ses progrès.

On respectera la réserve faite au profit des ascendans et des descendans, parce qu'elle a pour base, non-seulement les sentimens présumés, mais encore des devoirs si sacrés, que ce serait une sorte de délit de les enfreindre ; ni ces sentimens, ni ces devoirs, ne peuvent être les mêmes pour les collatéraux ; il n'y a vis-à-vis d'eux que les devoirs qui sont à la fois ceux du sang et de l'amitié.

La loi de réserve pour les collatéraux n'aurait pour objet que les parens qui se seraient exposés à l'oubli ou à l'animadversion, et par cela même ils ne sont pas favorables.

Enfin, les habitans des pays de droit écrit opposent aux usages introduits dans les pays de coutumes pendant quelques siècles, une expérience qui remonte à l'antiquité la plus reculée.

Ils citent l'exemple toujours mémorable de ce peuple qui, de tous ceux de la terre, est celui qui a le plus étudié et perfectionné la législation civile. Jamais il ne fut question d'y établir une légitime en collatérale

Enfin, ils donnent pour modèle cette harmonie qui, dans les pays de droit écrit, rend les familles si respectables : là, bien plus fréquemment que dans les pays de coutume, se présente le tableau de ces races patriarcales, dans lesquelles ceux à qui la providence a donné la fortune n'en jouissent que pour le bonheur de tous ceux qui se rendent dignes par leurs sentimens d'être admis dans le sein de la famille.

C'est dans la maison de ce bienfaiteur que le parent infortuné trouve des consolations et des secours, que l'autre y reçoit des encouragemens, que l'on y économise des dots pour les filles. Quelle énorme différence entre les avantages que les parens peuvent ainsi, pendant la vie du bienfaiteur, retirer de ses libéralités entièrement indépendantes de la loi, et le produit d'une modique réserve, dont ils seraient même encore le plus souvent frustrés !

On ne peut espérer, sur-tout en collatérale, de créer ou de conserver cet esprit de famille qui tend à en soutenir tous les membres, à n'en former qu'un corps, à en rapprocher les degrés, qu'en provoquant la bienfaisance des parens entre eux pendant qu'ils vivent. Le seul moyen de la provoquer est de lui laisser son indépendance : il est dans le cœur humain, que le sentiment de bienfaisance s'amortisse aussitôt qu'il s'y joint la moindre idée de contrainte ; cette idée ne s'accorde plus avec cette noblesse, avec cette délicatesse, et cette pureté de sentimens qui animaient l'homme bienfaisant ; il cesse de l'être, parce qu'il ne croit plus pouvoir l'être ; il n'a plus rien à donner à ceux qui ont le droit d'exiger.

Puisque la France est assez heureuse pour avoir conservé dans une grande partie de son territoire cet esprit de famille nécessaire à la prospérité commune, gardons-nous de rejeter un aussi grand moyen de régénération des mœurs ; c'est un feu sacré qu'il faut entretenir où il existe, qu'il faut allumer dans les autres pays qui ont un aussi grand besoin de son influence, et qu'il peut seul vivifier.

Cependant ne devait-on point faire une exception en faveur des frères et sœurs de celui qui meurt, ne laissant ni ascendant, ni postérité ?

Ne doit-on pas distinguer dans la famille ceux qui la constituent le plus intimement, ceux qui sont présumés avoir vécu sous le même toit, avoir été soumis à l'autorité du même père de famille, tenir de lui un patrimoine qu'il était dans son cœur, de voir réparti entre eux, et que le plus souvent ils doivent à ses économies et à ses travaux ?

Quel serait le frère qui pourrait regarder comme un sacrifice à sa liberté la réserve d'une quotité modique, telle que serait un quart de ses biens à ses frères et sœurs, en quelque nombre qu'ils fussent ?

Peut-il y avoir quelque avantage à lui attribuer le droit de transmettre tout son patrimoine à une famille étrangère, en nuisant à la sienne propre, autant qu'il est en son pouvoir, ou de préférer l'un de ses frères ou sœurs à tous les autres ? ce qui serait une cause éternelle de discorde entre celui qui aurait la préférence, et ceux qui se regarderaient comme déshérités.

Si on est forcé de convenir que le législateur doit employer tous ses efforts pour resserrer les liens de famille, doit-il laisser la liberté à ceux que la nature avait autant rapprochés, de les rompre entièrement ?

Dans plusieurs autres parties du Code civil, les frères et sœurs sont, à cause des rapports intimes qui les unissent, mis dans une classe à part. Dans l'ordre des successions, on les fait concourir avec les ascendans. Les frères et sœurs auront, pour assurer à leurs neveux et nièces, la portion de biens dont ils peuvent disposer, le même droit que les père et mère à l'égard de leurs petits-enfans.

Enfin, il sera contraire aux usages reçus dans une grande partie de la France depuis plusieurs siècles, qu'aucune quotité du patrimoine ne soit assurée même aux frères et sœurs.

Quelque puissans que paraissent ces motifs pour établir une réserve au profit des frères et sœurs, des considérations plus fortes s'y opposent et ont dû prévaloir.

Le guide le plus sûr des législateurs est l'expérience ; l'on n'a jamais admis ni à Rome, ni en France, dans les pays de droit écrit, de légitime en faveur des frères : le frère ne pouvait se plaindre de la disposition dans laquelle il avait été oublié, que dans un seul cas, celui où une personne mal famée, *turpis persona*, avait été instituée héritière. La réclamation que le frère pouvait alors faire d'une portion des biens n'était, sous le nom de légitime, qu'une vengeance due à la famille qui avait éprouvé du testateur une aussi grande injure. -

Cependant le tableau de l'amitié fraternelle n'a jamais été plus touchant que dans les pays où la liberté de disposer est entière.

Si, comme on l'a prouvé, celui qui ne doit éprouver aucune contrainte dans ses dispositions de dernière volonté, est beaucoup plus porté aux actes de bienfaisance pendant sa vie, c'est sur-tout entre frères que cette assistance mutuelle est vraisemblable, et qu'elle peut influer sur leur prospérité.

Plus la réserve que l'on croirait pouvoir faire au profit des frères et sœurs serait modique, et moins elle pourrait être d'une utilité réelle ; moins on doit la préférer aux grands avantages que l'on peut se promettre d'une pleine liberté de disposer.

Si on imposait en collatérale des devoirs rigoureux de famille, ce devrait aussi être au profit des neveux dont les père et mère sont décédés. Ce sont ces neveux qui ont le plus besoin d'appui : c'est à leur égard que les oncles tiennent lieu d'ascendans ; c'est aux soins et à l'autorité des oncles qu'est entièrement confié le sort de cette partie de la famille.

On ne pourrait donc pas se borner au seul degré de frères et de sœurs, si on voulait, en collatérale, établir une réserve légale ; et cependant ceux mêmes qui ont été d'avis de cette réserve n'ont pas pensé qu'on pût l'étendre au-delà de ce degré, sans porter injustement atteinte au droit de propriété.

Il est, sans doute, dans le cours de la nature que les frères et sœurs soient unis par les liens intimes qu'ont formés une éducation et une naissance commune : mais l'ordre social, qui exige une réserve en ligne directe, n'est point également intéressé à ce qu'il y en ait au profit des frères et sœurs.

Le père a contracté, non-seulement envers ses enfans, mais encore envers la société, l'obligation de leur conserver des moyens d'existence proportionnés à sa fortune ; ce devoir se trouve rempli à l'égard des frères ou sœurs, puisque chacun a sa portion des biens des père et mère communs.

Les enfans qui n'ont point de postérité ont, envers ceux qui leur ont donné le jour, des devoirs à remplir, qui ne sauraient être exigés par des frères ou sœurs, les uns envers les autres.

C'est après avoir long-tems balancé tous ces motifs pour et contre la réserve légale au profit des frères et sœurs, qu'il a été décidé de n'en établir qu'en ligne directe, et que toutes les fois que celui qui meurt ne laissera ni ascendans ni descendans, les libéralités par actes entre-vifs pourront épuiser la totalité des biens.

Après avoir ainsi déterminé la quotité disponible, il fallait régler un point sur lequel il y a eu jusqu'ici diversité de législation ; il fallait décider si la quotité disponible pourrait être donnée en tout ou en partie, soit par actes entre-vifs, soit par testament, aux enfans ou autres héritiers de celui qui a disposé, sans que le donataire, venant à sa succession, fût obligé au rapport.

Chez les Romains, et dans les pays de droit écrit, il n'y a jamais eu de variation à cet égard ; toujours on a eu le droit de choisir entre les héritiers ceux que l'on voulait avantager, soit par l'institution d'héritier, soit autrement.

Les coutumes étaient sur cette matière très-différentes les unes des autres.

Les unes permettaient à un des enfans d'être en même temps donataire, légataire et héritier, et n'assuraient aux autres que leur légitime.

D'autres distinguaient la ligne directe d'avec la collatérale, et la qualité de donataire entre-vifs d'avec celle de légataire. Dans ces dernières coutumes, du nombre desquelles se trouve celle de Paris, la même personne ne pouvait être ni donataire, ni léga- taire, ni héritière en ligne directe : elle pouvait en collatérale être donataire et héritière, mais non légataire et héritière.

Dans d'autres on ne pouvait être donataire et héritier, soit en ligne directe, soit en ligne collatérale.

D'autres portaient la défense absolue d'avantager l'héritier pré- somptif, et ordonnaient le rapport, tant en directe que collaté- rale, même en renonçant.

Il n'y avait de système complet d'égalité entre les héritiers, que celui des coutumes qui les obligeaient au rapport des donations, lors même qu'ils renonçaient à la succession, et qui ne permet- taient en leur faveur aucun legs.

Dans l'opinion exclusive de la faculté de faire des dispositions au profit des héritiers, on les regarde comme ayant un droit égal, et la loi se met entièrement à la place de la personne qui meurt, non pour contrarier sa volonté présumée, mais pour la remplir de la manière la plus juste.

Cependant, quoique l'intention parût être de suivre la marche de la nature, combien ne s'en écartait-on pas ?

Comment la nature aurait-elle donné des droits égaux à ceux qu'elle traite si diversement ? Où sont les familles dont tous les membres ont eu une part égale à la force physique, à l'intelligence, aux talens, dont aucun n'a, malgré la meilleure conduite, éprouvé des revers ; dont aucun n'a été exposé à des infirmités ou à d'au- tres malheurs de tous genres ?

Ce tableau de l'humanité, quelqu'affligeant qu'il soit, est malheureusement celui qui se réalise le plus souvent ; il faut l'avoir perdu de vue quand on calcule froidement et arithméti- quement une division égale entre tous ceux qui ont des besoins si différens.

Leur droit naturel est d'obtenir de celui à qui la providence a confié les biens une part proportionnée aux besoins, et qui établisse entre eux, autant qu'il est possible, la balance du bonheur. C'est en s'occupant sans cesse de maintenir cette balance, que le chef de famille se livre aux sentimens les plus équitables d'une affection égale envers tous ses héritiers. Mais s'il lui est défendu par la loi de venir au secours de l'un, s'il ne peut encourager l'autre, s'il a les mains liées pour soulager les maux dont il est témoin, et pour faire cesser des inégalités affligeantes entre ceux qu'il voudrait rendre également heureux, c'est alors qu'il sent tout le poids de ses chaînes, c'est alors qu'il maudit l'erreur de la loi, qui s'est mise à sa place pour ne remplir aucun de ses devoirs, et qui se trompant sur le vœu de la nature, n'a établi ses présomptions que sur une égalité chimérique : c'est alors qu'il est affligé de sa nullité dans sa propre famille, où le sort de chacun a été réglé d'avance par l'interdiction prononcée contre lui, où il est dépouillé du principal moyen de faire respecter une autorité, dont le seul but est de rétablir ou de maintenir l'ordre, où il n'a ni la puissance de faire le bien, ni celle de prévenir le mal.

Peut-on mettre en comparaison tous ces inconvéniens avec celui qui paraît avoir fait le plus d'impression sur l'esprit des personnes qui voudraient interdire le droit de disposer au profit des héritiers présomptifs ? Ils craignent la vanité des chefs de famille, qui, favorisés de la fortune, voudraient la transmettre à celui qu'ils choisiraient pour les représenter avec distinction en sacrifiant les autres.

On n'a pas songé que le nombre des riches est infiniment petit, si on le compare à la masse presque générale de ceux qui, vivant avec des facultés très-bornées, sont le plus exposés à toutes les inégalités et à tous les besoins.

On a perdu de vue le père de famille, qui, sous un humble toit, n'a pour patrimoine qu'un sol à peine suffisant pour la nourriture et l'éducation de sa famille. Déjà courbé sous le poids des années il ne pourrait suffire à un travail devenu trop pénible, s'il n'employait les bras du plus âgé de ses enfans aussitôt qu'ils ont quelque force. Cet enfant laborieux commence dès-lors à être l'appui de sa famille. C'est à la sueur de son front que ses frères devront les premiers secours avec lesquels ils apprendront des professions industrielles, et que ses sœurs devront les petits capitaux, fruit de l'économie, et qui leur auront procuré des établissemens utiles.

Croira-t-on que ce serait la vanité qui détermine ce père de famille à donner quelque récompense à celui de ses enfans qui s'est sacrifié pour le bonheur de tous, et à conserver dans ses mains, autant que la loi le lui permet, un héritage sur lequel une nouvelle famille ne pourrait s'élever et prospérer, s'il était divisé en trop petites portions ?

L'intention de ceux qui ont interdit les dispositions au profit des héritiers est sans doute estimable, mais il est impossible de méconnaître leur erreur.

Déjà même la loi du 4 germinal an 8 autorisa les libéralités au profit des enfans ou autres successibles du disposant, sans qu'elles soient sujettes à rapport, pourvu qu'elles n'excèdent pas les bornes prescrites.

Cette règle a été maintenue.

Pour bien connaître la quotité disponible , et celle qui est réservée aux enfans ou aux ascendans , il était nécessaire d'une part de désigner les biens auxquels s'applique la faculté de disposer ; et , de l'autre , de régler le mode de réduction qui doit avoir lieu , si les dispositions excèdent la quotité fixée.

La faculté de disposer ne se calcule pas seulement sur les biens qui restent dans la succession après les dettes payées, il faut ajouter à ces biens ceux que la personne décédée a donnés entre-vifs. On n'aurait pas mis de bornes fixes aux libéralités de disposer , si on n'avait pas eu égard à toute espèce de dispositions.

Il est sans doute du plus grand intérêt pour la société que les propriétés ne restent pas incertaines. C'est de leur stabilité que dépendent et la bonne culture et toutes ses améliorations.

Mais déjà il a été prouvé que la transmission d'une partie des biens aux héritiers en ligne directe, est une des bases de l'ordre social. Les pères et mères et les enfans ont entre eux des devoirs qui doivent être remplis de préférence à de simples libéralités ; l'accomplissement de ces devoirs est la condition tacite sous laquelle ces libéralités ont pu être faites ou acceptées ; et, dans le cas même où les donations n'auraient pas, lorsqu'elles ont été faites, excédé la quotité disponible, les donataires ne seraient point par ce motif préférables à des héritiers directs, s'il s'agit pour les premiers d'un pur bénéfice, et pour les autres d'un patrimoine nécessaire. La diminution survenue dans la fortune du donateur ne saurait même être présumée l'effet de sa malveillance envers le donataire.

Ce sont ces motifs qui ont fait regarder comme indispensable de faire comprendre dans la masse des biens sur lesquels se calcule la quotité réservée par la loi , ceux qui auraient été donnés entre-vifs.

On doit même y comprendre les biens dont la propriété aurait été transmise aux enfans dans le cas du divorce ; il ne peut jamais en résulter pour eux un avantage tel que les autres enfans soient privés de la réserve légale.

Il ne doit être fait aucune déduction à raison du droit des enfans naturels ; ce droit n'est point acquis avant la mort , et c'est, sous le titre de créance, une participation à la succession.

Les biens sur lesquels les enfans ou les ascendans doivent prendre la portion que la loi leur réserve étant ainsi déterminés , on avait à régler comment ces héritiers exerceront cette reprise lorsque les biens, libres de dettes et déduction faite des dons et des legs , ne suffiront pas pour remplir la quotité réservée.

Il est évident que ce retour sur les legs ou donations n'est admissible que de la part de ceux au profit desquels la loi a restreint la faculté de disposer proportionnellement au droit qu'ils auraient dans la succession.

Si maintenant on examine quelles sont, dans le cas d'insuffisance des biens libres de la succession, les dispositions qui doivent être en premier lieu annullées ou réduites pour que la quotité réservée soit remplie, il ne peut y avoir de doute sur ce que la réduction ou l'annullation doit d'abord porter sur les legs.

Les biens légués font partie de la succession; les héritiers au profit desquels est la réserve sont saisis par la loi dès l'instant où cette succession est ouverte. Les legs ne doivent être payés qu'après l'acquit des dettes et des charges; la quotité réservée par la loi est au nombre de ces charges.

Chaque légataire ayant un même droit aux biens qui lui sont légués, l'équité veut que cette sorte de contribution soit faite entre eux au marc le franc.

Si néanmoins le testateur avait déclaré qu'il entendait que certains legs fussent acquittés de préférence aux autres, les légataires ainsi préférés auraient un droit de plus que les autres, et la volonté du testateur ne serait pas exécutée, si les autres legs n'étaient pas entièrement épuisés pour remplir la réserve légale, avant qu'on pût réduire ou annuller les legs préférés. On exige seulement, pour prévenir toute contestation sur cette volonté du testateur, qu'elle soit déclarée en termes exprès.

Il restait à prévoir le cas où tous les biens de la succession, libres de dettes, et tous les biens légués, auraient été épuisés sans que la réserve légale fût encore remplie.

Les donations entre-vifs doivent-elles alors, comme les legs, être réduites au marc le franc?

On peut dire que, pour fixer la quotité réservée, on fait entrer dans le calcul des biens qui y sont sujets la valeur de tous ceux qui ont été donnés, sans égard aux diverses époques des donations, parce que chacune d'elles, et toutes ensemble, ont contribué à épuiser le patrimoine.

Mais il est plus conforme aux principes que les donations soient réduites, en commençant par la plus récente, et en remontant successivement aux plus anciennes.

En effet, on n'a pas, dans les premières donations, excédé la mesure prescrite, si les biens donnés postérieurement suffisent pour remplir la réserve légale. Si la réduction portait sur toutes les donations, le donateur aurait un moyen de révoquer en tout, ou par de nouvelles donations, celles qu'il aurait d'abord faites.

D'ailleurs, lorsqu'il s'agit d'attaquer des propriétés qui remontent à des tems plus ou moins éloignés, l'ordre public est intéressé à ce que la plus ancienne propriété soit maintenue de préférence. C'est le fondement de cette maxime: *Qui prior est tempore, potior est jure.*

Ces principes, déjà consacrés par l'ordonnance de 1731 (art. XXXIV) ont été maintenus.

On a aussi conservé cette autre disposition de la même loi, suivant laquelle, lorsque la donation entre-vifs réductible a été faite à l'un des héritiers ayant une réserve légale, il peut retenir sur les biens donnés la valeur de la portion qui lui appartiendrait comme héritier dans les biens non disponibles, s'ils sont de la même nature. Dans ce cas, il était possible de maintenir ainsi la propriété de l'héritier donataire sans causer de préjudice à ses cohéritiers.

La règle, suivant laquelle la réduction doit se faire, des donations les plus récentes, serait illusoire, si le donataire évincé pouvait se regarder comme subrogé contre le donataire antérieur dans les droits de celui qui l'a évincé.

D'ailleurs, la réduction est un privilège personnel, et dès-lors elle ne peut être l'objet d'une subrogation, soit tacite, soit même conventionnelle.

Quant aux créanciers de celui dont la succession s'ouvre, ils n'ont de droit que sur les biens qu'ils y trouvent ; ces biens doivent toujours, et nonobstant toute réserve légale, être épuisés pour leur paiement : mais ils ne peuvent avoir aucune prétention à des biens dont leur débiteur n'était plus propriétaire. Si les titres de leurs créances sont antérieurs à la donation, ils ont pu conserver leurs droits en remplissant les formalités prescrites.

Si ces titres sont postérieurs, les biens qui dès-lors étaient, par la donation, hors des mains de leur débiteur, n'ont jamais pu être leur gage.

Il paraît contraire aux principes de morale que l'on puisse recueillir, même à titre de réserve, des biens provenant d'une personne dont toutes les dettes ne sont pas acquittées, et la conséquence semble être que, si le créancier ne peut pas, à cause du droit de propriété du donataire, avoir action contre lui, au moins doit-il exercer ses droits contre l'héritier sur les biens recouvrés par l'effet de la réduction.

Si on s'attachait à l'idée que celui qui a le droit de réduction ne doit pas avoir de recours contre les donataires, à moins que les biens dont ceux-ci auraient été évincés ne deviennent le gage des créanciers du défunt, il vaudrait autant donner à ces créanciers, contre les donataires, une action directe, que de l'accorder aux héritiers, pour que les créanciers en profitent ; ou plutôt alors, comme il ne s'agirait réellement que de l'intérêt des créanciers, on ne devrait pas faire intervenir les héritiers pour dépouiller les donataires au profit des créanciers ; ceux-ci, d'ailleurs, pourraient-ils espérer que les héritiers se porteraient à exercer un pareil recours ? Leur délicatesse ne serait-elle pas autant engagée à ne pas détruire le droit de propriété des donataires, qu'à payer les créanciers ? Et si les héritiers manquaient de délicatesse, ne leur serait-il pas facile de traiter, à l'insu des créanciers, avec des donataires qui ne chercheraient qu'à se maintenir dans leur propriété ?

L'action de l'héritier contre le donataire, et les biens donnés qui sont l'objet de ce recours, sont également étrangers à la succession. Le titre auquel l'héritier exerce ce recours, remonte au tems même de la donation. Elle est présumée n'avoir été faite que sous la condition de ce retour à l'héritier, dans le cas où la réserve ne serait pas remplie.

C'est en conséquence de cette condition primitive de retour, que l'héritier reprend les biens sans charge de dettes ou hypothèques créées par le donataire. C'est par le même motif que l'action en réduction ou revendication peut être exercée par l'héritier contre les tiers détenteurs des immeubles faisant partie de la donation et aliénés par le donataire, de la même manière et dans le même ordre que contre le donataire lui-même.

Il faut donc considérer l'héritier qui évince un donataire entre-vifs, comme s'il eût recueilli les biens au tems même de la donation.

S'il fallait admettre d'une manière absolue qu'un héritier ne peut recueillir, à titre gratuit, des biens de celui qui a des créanciers, ssans en faire l'emploi au paiement des dettes, il faudrait dire que toutes donations entre-vifs sont susceptibles d'être révoquées par des dettes que le donateur aurait depuis contractées. C'est ce qui n'a été admis dans aucune législation. Il est sans doute à regretter que des idées morales se trouvent ici en opposition avec des principes qu'il serait bien plus dangereux de violer ; ce sont ceux sur le droit de propriété, non-seulement de l'enfant ou de l'ascendant, mais encore des autres intéressés. En voulant perfectionner la morale sous un rapport, on ferait naître la corruption sous plusieurs autres.

Après avoir ainsi réglé les qualités requises pour donner et recevoir, après avoir fixé la quotité disponible, et avoir indiqué le mode à suivre pour les réductions, la loi s'occupe plus particulièrement d'abord des donations entre-vifs, et ensuite des testamens. Elle prescrit les formes de chacun de ces actes; elle établit les principes sur leur nature et sur leurs effets.

C'est ici que tous les regards se fixent sur ces lois célèbres qui contribueront à rendre immortelle la mémoire du chancelier d'Aguesseau. Les ordonnances sur les donations et sur les testamens ont été, comme le nouveau Code, le fruit de longues méditations. Elles n'ont également été adoptées qu'après avoir consulté le vœu de la nation par le seul moyen qui fût alors possible, celui de prendre l'avis des magistrats et des jurisconsultes. Les rédacteurs du Code ont eu recours aux dispositions de ces lois avec le respect qu'inspirent leur profonde sagesse et le succès dont elles ont été couronnées.

Dans les donations entre-vifs, on distingue les formalités à observer dans les actes qui les contiennent, et celles que l'on peut nommer extérieures.

Les formalités à observer dans ces actes ont un double objet, celui de les constater, et celui d'en fixer la nature.

On n'admet comme légalement constatés les actes portant donations entre-vifs, que quand ils sont passés devant notaires, dans la forme ordinaire des contrats.

La minute doit rester entre les mains du notaire : elle ne doit être délivrée ni au donateur, ni au donataire. La donation entre-vifs est un acte par lequel celui qui l'accepte, s'engage à en remplir les conditions. Il ne doit être au pouvoir ni de l'une ni de l'autre des parties de l'anéantir, en supprimant l'acte qui en contient la preuve.

C'est encore parce que toute donation entre-vifs est considérée comme un engagement réciproque, qu'il est indispensable que les deux parties y interviennent, celle qui donne, et celle qui accepte. Cela est conforme au droit romain, qui ne regardait point comme encore existante une libéralité, lorsque celui pour qui elle était destinée l'ignorait ou n'y avait pas consenti.

L'acceptation étant une condition essentielle de toute donation, on a dû exiger qu'elle fût en termes exprès. Il en résultera, sans qu'il ait été besoin d'en faire une disposition, que les juges ne pourront avoir aucun égard aux circonstances dont on prétendrait induire une acceptation tacite et sans qu'on puisse la présumer, lors même que le donataire aurait été présent à l'acte de donation, et qu'il l'aurait signé, ou quand il serait entré en possession des choses données.

Il était seulement une facilité qui n'avait rien de contraire à ces principes, et qu'on ne pouvait refuser sans mettre le plus souvent un obstacle insurmontable à la faculté de disposer. C'est sur-tout au milieu des mouvemens du commerce, et lorsque les voyages sont devenus si communs, que les parens les plus proches et les amis les plus intimes sont exposés à vivre dans un grand éloignement.

On a voulu prévenir cet inconvénient, en permettant l'acceptation par un acte postérieur ou par une personne fondée de la procuration du donataire; en regardant cette procuration comme suffisante; soit qu'elle porte le pouvoir d'accepter la donation faite, soit qu'elle contienne un pouvoir général d'accepter les donations qui auraient été ou qui pourraient être faites.

De longues controverses avaient eu lieu entre les auteurs, sur le point de savoir si le donateur doit avoir la liberté de révoquer la donation qui n'est point encore acceptée.

Les uns soutenaient que si on ne fixe point au donataire un délai dans lequel il ne soit plus admis à l'acceptation, le donateur ne peut point lui ôter cette faculté en revenant contre son propre fait.

Les autres pensaient que, jusqu'à l'acceptation, l'acte est imparfait, et ne saurait lier le donateur.

Cette dernière opinion est la plus juste; elle avait été confirmée par l'ordonnance de 1731, et elle est maintenue.

Quoiqu'une donation soit toujours, indépendamment des conditions qui peuvent y être mises, regardée comme un avantage au profit du donataire, il suffit cependant que ce soit de la part de ce dernier un engagement, pour que la capacité de contracter, ou les formalités qui y suppléent, soient exigées.

Si le donataire est majeur, l'acceptation doit être faite par lui, ou en son nom par la personne fondée de sa procuration.

4

S'il est mineur non émancipé, ou s'il est interdit, elle sera faite par son tuteur, conformément à ce qui est prescrit au titre de la minorité.

Si le mineur est émancipé, son curateur l'assistera.

On a même voulu éviter que, pour des actes toujours présumés avantageux, les mineurs fussent victimes des intérêts personnels ou de la négligence de ceux que la loi charge d'accepter. Les liens du sang et de l'affection ont été considérés comme étant à cet égard un mandat suffisant ; et sans porter atteinte, soit à la puissance paternelle, soit à l'administration des tuteurs, tous les ascendans de l'un et de l'autre sexe, et à quelque degré qu'ils soient, auront le pouvoir d'accepter pour leurs descendans, même du vivant des père et mère, et quoiqu'ils ne soient ni tuteurs ni curateurs du mineur, sans qu'il soit besoin d'aucun avis de parens.

Les bonnes mœurs et l'autorité du mari ont toujours exigé que la femme mariée ne pût accepter une donation sans le consentement de son mari, ou, en cas de refus de son mari, sans autorisation de la justice. En imposant cette condition aux femmes mariées en général, on n'admet d'exception ni pour celles qui ne seraient point en communauté avec leurs maris, ni pour celles qui en seraient séparées par jugement.

Depuis que, par les heureux efforts de la bienfaisance et du génie, les sourds et muets ont été rendus à la société, ils sont devenus capables d'en remplir les devoirs et d'en exercer les droits. Le sourd et muet qui saura l'écriture manifester par sa volonté, pourra lui-même, ou par une personne ayant sa procuration, accepter une donation. S'il ne sait pas écrire, l'acceptation devra être faite en son nom par un curateur qui lui sera nommé pour remplir cette formalité.

Quant aux donations qui seront faites aux hospices, aux pauvres des communes, ou aux établissemens d'utilité publique, elles seront acceptées par leurs administrateurs, lorsque le gouvernement, qui veille aux droits des familles comme à l'intérêt des pauvres, les y aura autorisés.

Après avoir ainsi prescrit les formalités de l'acte même de donation, la loi règle celles qui sont extérieures.

Plusieurs dispositions de l'ordonnance de 1731 sont relatives à la tradition de fait des biens donnés. Cette formalité avait été établie dans plusieurs coutumes, mais elle n'était point en usage dans les pays de droit écrit ; elle n'ajoute rien ni à la certitude ni à l'irrévocabilité des donations entre-vifs. La règle du droit romain, qui regarde les donations comme de simples pactes, est préférable ; elle écarte des difficultés nombreuses et sans objet. La donation duement acceptée sera parfaite par le seul consentement des parties, et la propriété des objets donnés sera transférée au donataire sans qu'il soit besoin d'autre tradition.

Une autre formalité extrinsèque avait été introduite par le droit romain : c'est celle connue sous le nom d'insinuation. On avait ainsi rendu publiques les donations pour éviter les fraudes, soit par la supposition de pareils actes, sur-tout entre les proches parens, soit par la facilité de tromper des créanciers qui ignoreraient ces aliénations.

En France, la formalité de l'insinuation a été admise et ordonnée par une longue suite de lois; elles n'ont point applani toutes les difficultés que leur exécution a fait naître. L'ordonnance de 1731 avait levé plusieurs doutes sur l'application de la peine de nullité des donations pour lesquelles cette formalité n'avait pas été exécutée, sur la nécessité de la remplir dans les divers lieux du domicile et de la situation des biens, sur le mode d'insinuation, sur les délais prescrits, et sur les effets de l'inexécution dans ces délais. Des lois interprétatives de l'ordonnance de 1731 ont encore été nécessaires, et une simple formalité d'enregistrement était devenue la matière d'un recueil volumineux de lois compliquées.

Toute cette législation relative à la publicité des actes de donations entre-vifs est devenue inutile depuis que, par la loi qui s'exécute maintenant dans toute la France, non-seulement ces actes, mais encore toutes les autres aliénations d'immeubles, doivent être rendus publics par la transcription sur des registres ouverts à quiconque veut les consulter. L'objet de toutes les lois sur les insinuations sera donc entièrement rempli, en ordonnant que lorsqu'il y aura donation de biens susceptibles d'hypothèques, la transcription des actes contenant la donation devra être faite aux bureaux des hypothèques dans l'arrondissement desquels les biens seront situés.

Quant aux meubles qui seraient l'objet des donations, ils ne sauraient être mis au nombre des gages que les créanciers puissent suivre; il n'est aucun des différens actes par lesquels on peut aliéner des meubles, qui soit assujéti à de semblables formalités.

L'insinuation se faisait, non-seulement au lieu de la situation des biens, mais encore à celui du domicile : cette dernière formalité n'ayant point été jugée nécessaire dans le système général de la conservation des droits des créanciers, il n'y avait pas de motif particulier pour l'employer dans le cas de la transmission des biens par donations entre-vifs; on peut s'en reposer sur l'activité de ceux qui auront intérêt de connaître le gage de leurs créances ou de leurs droits. Quant aux héritiers, l'inventaire leur fera connaître, par les titres de propriété, quels sont les biens; et dans l'état actuel des choses, il n'est aucun héritier qui, ayant le moindre doute sur le bon état d'une succession, ne commence par vérifier sur les registres du lieu de la situation des biens, quelles sont les aliénations.

Les personnes qui sont chargées de faire faire la transcription, et qui par ce motif ne pourront opposer le défaut de cette formalité, sont les maris, lorsque les biens auront été donnés à leurs femmes; les tuteurs ou curateurs, quand les donations auront été faites à des mineurs ou à des interdits; les administrateurs, quand elles auront été faites à des établissemens publics.

Les femmes ont dû, pour la conservation de leurs droits, être autorisées par la loi à faire procéder seules à la formalité de l'inscription, quand elle n'aura pas été remplie par les maris.

La question de savoir si les mineurs et ceux qui jouissent du même privilège peuvent être restitués contre le défaut d'insinuation des donations entre-vifs, n'était clairement décidée ni par le droit romain, ni par les anciennes ordonnances. Il y avait à cet égard une diversité de jurisprudence, et l'ordonnance de 1731, conformément à une déclaration du 19 janvier 1712, avait prononcé que la restitution n'aurait pas lieu, lors même que les tuteurs ou autres administrateurs seraient insolvables.

Cette règle a été confirmée : elle est fondée sur le principe que si les mineurs ont des privilèges pour la conservation de leur patrimoine, et pour qu'ils ne soient pas surpris par les embûches tendues à la fragilité de leur âge, ils ne doivent pas être dispensés du droit commun, lorsqu'il s'agit seulement de rendre, par des donations, leur condition meilleure.

On a examiné la question de savoir si les donations entre-vifs, qui n'auraient point été acceptées pendant la vie du donateur, et qu'il n'aurait pas révoquées, peuvent valoir comme dispositions testamentaires.

On peut dire que la volonté de donner est consignée dans l'acte de donation; que si le donataire n'a été, par aucune révocation, dépouillé du droit d'accepter, le donateur est mort sans avoir varié dans son intention de lui faire une libéralité; que la volonté de l'homme qui se renferme dans les bornes légales doit être respectée.

Mais cette opinion n'est pas admissible lorsque, pour les testamens, la loi exige une plus grande solennité que pour les donations entre-vifs. Le donateur, par acte entre-vifs, ne peut dès-lors être présumé avoir entendu faire une disposition testamentaire, pour laquelle cet acte serait insuffisant; et dans aucun cas il ne doit lui être permis de se dispenser ainsi de remplir les formalités prescrites pour les testamens.

Il n'existe point de donation entre-vifs, à moins que le donateur ne se dépouille actuellement et irrévocablement de la chose donnée, en faveur du donataire qui l'accepte. De là ces maximes, que *donner et retenir ne vaut*, et que *c'est donner et retenir, quand le donateur s'est réservé la puissance de disposer librement de la chose donnée.*

On en fait l'application, en décidant que la donation entre-vifs ne peut comprendre que les biens présens du donateur.

On avait, dans l'ordonnance de 1731, déclaré nulle, même pour les biens présens, la donation qui comprenait les biens présens et à venir, parce qu'on regardait ses dispositions comme indivisibles, à moins que l'intention contraire du donateur ne fût reconnue.

Il est plus naturel de présumer que le donateur de biens présens et à venir n'a point eu intention de disposer d'une manière indivisible; la donation ne sera nulle qu'à l'égard des biens à venir.

Les conséquences des maximes précédemment énoncées, sont encore que toute donation entre-vifs, faite sous des conditions dont l'exécution dépend de la seule volonté du donateur, est nulle; qu'elle est également nulle, si elle a été faite sous la condition d'acquitter d'autres dettes ou charges que celles qui existaient à l'époque de la donation, ou qui étaient exprimées dans les actes; que si le donateur n'a pas usé de la faculté de disposer, qu'il s'était réservée à l'égard d'une partie des objets compris dans la donation, ces objets n'appartiendront point au donataire, et que toute donation d'effets mobiliers doit être rendue certaine, par un état estimatif annexé à la minute de la donation.

La réserve d'usufruit et le retour au profit du donateur n'ont rien de contraire à ces principes.

Il n'y a d'exception à l'irrévocabilité, que dans les cas où le donateur aurait manqué à des conditions formellement exprimées, ou que la loi présume avoir été dans l'intention du donateur.

La révocation pour cause d'inexécution des conditions exprimées, est commune à toutes les conventions. Mais il est deux autres conditions que la loi a présumées; la première, que le donataire ne se rendrait pas coupable d'actes d'ingratitude, tels que si le donateur avait pu les prévoir, il n'eût point fait la donation; et la seconde, qu'il ne lui surviendrait point d'enfans.

On a déterminé les cas dans lesquels les donations pourront être révoquées pour cause d'ingratitude : ce sera lorsque le donataire aura attenté à la vie du donateur, lorsqu'il se sera rendu coupable envers lui de sévices, délits ou injures graves, lorsqu'il lui aura refusé des alimens.

Les donations en faveur de mariage sont exceptées, parce qu'elles ont aussi pour objet les enfans à naître, et qui ne doivent pas être victimes de l'ingratitude du donataire.

Quant à la révocation par survenance d'enfans, on la trouve établie dans le droit romain par une loi célèbre : (*Si unquam, cod. de Revoc. donat.*) Elle est fondée sur ce qu'il est à présumer que le donateur n'a point voulu préférer des étrangers à ses propres enfans.

En vain oppose-t-on à un motif aussi puissant, qu'il en résulte une grande incertitude dans les propriétés, que les enfans peuvent ne survenir qu'un grand nombre d'années après la donation, que celui qui donne est présumé avoir mesuré ses libéralités sur la possibilité où il était d'avoir des enfans, que des mariages ont pu être contractés en considération de ces libéralités.

Ces considérations ne sauraient l'emporter sur la loi naturelle, qui subordonne toutes les affections à celles qu'un père a pour ses enfans.

Il n'est point à présumer qu'il ait entendu, en donnant, violer des devoirs de tout tems contractés envers les descendans qu'il pourrait avoir, et envers la société. Si une volonté pareille pouvait être présumée, l'ordre public s'opposerait à ce qu'elle fût accueillie. Ce sont des principes que le donataire ne saurait méconnaître. Il n'a donc pu recevoir que sous la condition de la préférence due aux enfans qui naîtraient.

La règle de la révocation des donations par survenance d'enfans a été maintenue telle que dans l'ordonnance de 1731, on la trouve expliquée et dégagée des difficultés qu'elle avait fait naître.

Les règles particulières aux donations entre-vifs sont suivies de celles qui concernent spécialement la forme et l'exécution des dispositions testamentaires.

L'institution d'héritier était dans les pays de droit écrit l'objet principal des testamens. Dans l'autre partie de la France, la loi seule faisait l'héritier, l'institution n'y était permise qu'en considération des mariages.

Plusieurs coutumes n'avaient même pas admis cette exception.

Elles avaient toutes réservé aux parens, les unes sous le titre de propres, et les autres sous ce titre, et même sous celui d'acquêts ou de meubles, une partie des biens. Cet ordre n'était point en harmonie avec celui des affections naturelles. Il eût donc été inutile, et même contraire au maintien de la loi, d'admettre pour l'institution d'héritier la volonté de l'homme qui eût toujours cherché à faire prévaloir le vœu de la nature.

Ces différences entre les pays de droit écrit et ceux de coutumes doivent disparaître lorsqu'une loi commune à toute la France donne, sans aucune distinction de biens, la même liberté de disposer. L'institution d'héritier y sera également permise.

Le plus grand défaut que la législation sur les testamens ait eu chez les Romains, et depuis en France, a été celui d'être trop compliqué. On a cherché les moyens de la simplifier.

On a donc commencé par écarter toute difficulté sur le titre donné à la disposition. Le testament vaudra, sous quelque titre qu'il ait été fait, soit sous celui d'institution d'héritier, soit sous le titre de legs universel ou particulier, soit sous toute autre dénomination propre à manifester la volonté.

On a seulement maintenu et expliqué une règle établie par l'ordonnance de 1735 (art. 77). Un testament ne pourra être fait conjointement, et dans le même acte, par deux ou plusieurs personnes, soit au profit d'un tiers, soit à titre de donation réciproque et mutuelle. Il fallait éviter de faire renaître la diversité de jurisprudence qui avait eu lieu sur la question de savoir si après le décès de l'un des testateurs, le testament pouvait être révoqué par le survivant. Permettre de le révoquer, c'est violer la foi de la réciprocité, le déclarer irrévocable, c'est changer la nature du testament, qui, dans ce cas, n'est plus réellement un acte de dernière volonté. Il fallait interdire une forme incompatible, soit avec la bonne foi, soit avec la nature des testamens.

Au surplus, on a choisi dans le droit romain et dans les coutumes, les formes d'actes qui ont à-la-fois paru les plus simples et les plus sûres.

Elles seront au nombre de trois ; le testament olographe, celui fait par acte public, et le testament mystique.

Ainsi les autres formes de testamens, et à plus forte raison les dispositions qui seraient faites verbalement, par signes ou par lettres missives, ne seront point admises.

Le testament olographe, ou sous signature privée, doit être écrit en entier, daté et signé de la main du testateur.

Cette forme de testament n'était admise dans les pays de droit écrit qu'en faveur des enfans. Au milieu de toutes les solennités dont les Romains environnaient leurs testamens, un écrit privé ne leur paraissait pas mériter assez de confiance ; et s'ils avaient, par respect pour la volonté des pères, soumis leurs descendans à l'exécuter lorsqu'elle serait ainsi manifestée, ils avaient même encore exigé la présence de deux témoins.

Devait-on rejeter entièrement les testamens olographes ? Cette forme est la plus commode, et l'expérience n'a point appris qu'il en ait résulté des abus qui puissent déterminer à la faire supprimer.

Il valait donc mieux rendre cette manière de disposer par testament, commune à toute la France.

On a seulement pris une précaution pour que l'état de ces actes soit constaté.

Tout testament olographe doit, avant qu'on l'exécute, être présenté au juge désigné, qui dressera un procès-verbal de l'état où il se trouvera, et en ordonnera le dépôt chez un notaire.

Quant aux testamens par actes publics, on a pris un terme moyen entre les solennités prescrites par le droit écrit, et celles usitées dans les pays de coutumes.

Il suffisait dans ces pays qu'il y eût deux notaires, ou un notaire et deux témoins ; on avait même attribué, dans plusieurs coutumes, ces fonctions à d'autres personnes publiques ou à des ministres du culte.

Dans les pays de droit écrit, les testamens nuncupatifs écrits devaient être faits en présence de sept témoins au moins, y compris le notaire.

La liberté de disposer ayant été en général beaucoup augmentée dans les pays de coutumes, il était convenable d'ajouter aux précautions prises pour constater la volonté des testateurs ; mais en exigeant un nombre de témoins plus considérable que celui qui est nécessaire pour atteindre à ce but, on eût assujéti ceux qui disposent à une grande gêne, et peut-être les eût-on exposés à se trouver souvent dans l'impossibilité de faire ainsi dresser leurs testamens.

Ces motifs ont déterminé à régler que le testament par acte public sera reçu par deux notaires, en présence de deux témoins, ou par un notaire en présence de quatre témoins.

L'usage des testamens mystiques, ou secrets, était inconnu dans les pays de coutumes ; c'était une institution à propager en faveur de ceux qui ne savent pas écrire, ou qui, par des motifs souvent plausibles, ne veulent ni faire leur testament par écrit privé, ni confier le secret de leurs dispositions. Elle devenait encore plus nécessaire quand pour les testamens par acte public on exige dans tous les cas la présence de deux témoins, et qu'il doit même s'en trouver quatre, s'il n'y a qu'un notaire.

Mais en admettant la forme des testamens mystiques, on ne pouvait négliger aucune des formalités requises dans les pays de droit écrit.

On doit craindre dans ces actes les substitutions de personnes ou de pièces : il faut que les formalités soient telles, que les manœuvres les plus subtiles de la cupidité soient déjouées, et c'est sur-tout le nombre des témoins qui peut garantir que tous ne sauraient entrer dans un complot criminel. On a donc cru devoir adopter les formalités des testamens mystiques ou secrets, telles qu'on les trouve énoncées dans l'ordonnance de 1735.

On a voulu rendre uniformes les formalités relatives à l'ouverture des testamens mystiques. Leur présentation au juge, leur ouverture, leur dépôt, seront faits de la même manière que pour les testamens olographes. On exige de plus que les notaires et les témoins par qui l'acte de suscription aura été signé, et qui se trouveront sur les lieux, soient présens ou appelés.

Telles seront en général les formalités des testamens. Mais il est possible que le service militaire, que des maladies contagieuses, ou des voyages maritimes, mettent les testateurs dans l'impossibilité d'exécuter à cet égard la loi ; cependant, c'est dans ces circonstances où la vie est souvent exposée, qu'il devient plus pressant et plus utile de manifester ses dernières volontés. La loi serait donc incomplète, si elle privait une partie nombreuse des citoyens, et ceux sur-tout qui ne sont loin de leurs foyers que pour le service de la patrie, d'un droit aussi naturel et aussi précieux que celui de disposer par testament.

Aussi, dans toutes les législations, a-t-on prescrit pour ces différens cas des formes particulières, qui donnent autant de sûreté que le permet la possibilité d'exécution ; celles qui déjà ont été établies par l'ordonnance de 1735, ont été maintenues avec quelques modifications qui n'exigent pas un examen particulier.

Après avoir prescrit les formalités des testamens, on avait à régler quels seraient leurs effets, et comment ils seraient exécutés.

Il n'y aura plus à cet égard aucune diversité.

L'héritier institué, et le légataire universel, auront les mêmes droits, et seront sujets aux mêmes charges.

Dans les coutumes où l'institution d'héritier était absolument défendue, ou n'était admise que dans les contrats de mariage, il n'y avait de titre d'héritier que dans la loi même, ce qu'on exprimait par ces mots : *le mort saisit le vif*. Les légataires universels étaient tenus, lors même qu'ils recueillaient tous les biens, d'en demander la délivrance.

Dans les pays de droit écrit, presque tous les héritiers avaient un titre dans un testament ; ils étaient saisis de plein droit de la succession, lors même qu'il y avait des légitimaires.

On peut dire, pour le système du droit écrit, que l'institution d'héritier étant autorisée par la loi, celui qui est institué par un testament a son titre dans la loi même, comme celui qui est appelé directement par elle ; que dès-lors qu'il existe un héritier par l'institution, il est sans objet, et même contradictoire, qu'il y ait un parent ayant cette qualité sans aucun avantage à en tirer ; que le testament, revêtu des formes suffisantes, est un titre qui ne doit pas moins que les autres avoir son exécution provisoire ; que la demande en délivrance et la main-mise par le parent qui est dépouillé de la qualité d'héritier, ne peuvent qu'occasionner des frais et des contestations que l'on doit éviter.

Ceux qui prétendent que l'ancien usage des pays de coutumes est préférable, lors même que la faculté d'instituer les héritiers y est admise, regardent le principe suivant lequel le parent appelé par la loi à la succession, doit toujours être réputé saisi à l'instant de la mort, comme la sauve-garde des familles. Le testament ne doit avoir d'effet qu'après la mort ; et, en le produisant, le titre du parent appelé par la loi est certain ; l'autre peut n'être pas valable, et il est au moins toujours susceptible d'examen. Le tems de produire un testament, pendant que se remplissent les premières formalités pour constater l'état d'une succession, n'est jamais assez long pour que la saisie du parent appelé par la loi puisse être préjudiciable à l'héritier institué.

Ni l'une ni l'autre de ces deux opinions n'a été entièrement adoptée : on a pris dans chacune d'elles ce qui a paru le plus propre à concilier les droits de ceux qui doivent la recueillir par la volonté de l'homme.

Lorsqu'au décès du testateur il y aura des héritiers auxquels une quotité de biens sera réservée par la loi, ces héritiers seront saisis de plein droit, par sa mort, de toute la succession ; et l'héritier institué ou le légataire universel sera tenu de leur demander la délivrance des biens compris dans le testament.

Lorsque l'héritier institué, ou le légataire universel se trouve ainsi en concurrence avec l'héritier de la loi, ce dernier mérite la préférence. Il est difficile que dans l'exécution cela puisse être autrement. Ne serait-il pas contre l'honnêteté publique, contre l'humanité, contre l'intention présumée du testateur, que l'un de ses enfans, ou que l'un des auteurs de sa vie, fût à l'instant de sa mort expulsé de sa maison, sans qu'il eût même le droit de vérifier auparavant le titre de celui qui se présente ? Ce dernier aura d'autant moins droit de se plaindre de cette saisie momentanée, qu'il recueillera les fruits à compter du jour du décès, si la demande en délivrance a été formée dans l'année.

Si l'héritier institué, ou le légataire universel, ne se trouve point en concurrence avec des héritiers ayant une quotité de biens réservée par la loi, les autres parens ne pourront empêcher que ce titre n'ait toute sa force et son exécution provisoire, dès l'instant même de la mort du testateur.

Il suffit qu'ils soient mis à portée de vérifier l'acte qui les dépouille.

Si cet acte a été fait devant notaires, c'est celui qui par ses formes rend les surprises moins possibles, et il se trouve d'avance dans un dépôt où les personnes intéressées peuvent le vérifier.

S'il a été fait olographe ou dans la forme mystique, des mesures ont été prises pour que les parens appelés par la loi aient toute la facilité de les vérifier avant que l'héritier institué ou le légataire universel puisse se mettre en possession.

Les testamens faits sous l'une et l'autre forme devront être déposés chez un notaire commis par le juge; on assujétit l'héritier institué, ou le légataire universel, à obtenir une ordonnance d'envoi en possession, et cette ordonnance ne sera délivrée que sur la production de l'acte du dépôt.

Quant aux charges dont l'héritier institué et le légataire universel sont tenus, les dettes sont d'abord prélevées, et conséquemment, s'il est en concurrence avec un héritier auquel la loi réserve une quotité de biens, il y contribuera pour sa part et portion, et hypothécairement pour le tout.

Il est une autre charge qui n'était pas toujours aussi onéreuse pour l'héritier institué que pour le légataire universel.

Dans les pays de droit écrit, l'héritier institué était autorisé à retenir, sous le nom de *falcidie*, le quart de la succession par retranchement sur les legs, s'ils excédaient la valeur des trois quarts.

Les testamens avaient toujours été considérés chez les Romains comme étant de droit politique plutôt que de droit civil; et la loi prenait toutes les mesures pour que cet acte de magistrature suprême reçût son exécution. Elle présumait toujours la volonté de ne pas mourir *ab intestat*.

Cependant, lorsque le testateur avait épuisé en legs la valeur de sa succession, les héritiers institués n'avaient plus d'intérêt d'accepter; l'institution devenait caduque, et avec elle tombait tout le testament.

On présuma que celui qui instituait un héritier, le préférait à de simples légataires, et l'héritier surchargé de legs fut autorisé, par la loi qu'obtint le tribun Falcidius, sous le règne d'Auguste, à retenir le quart des biens.

Cette mesure fut ensuite rendue commune à l'héritier *ab intestat*, et à ceux même qui avaient une légitime. Ce droit a été consacré par l'ordonnance de 1735.

Dans les pays de coutumes, il n'y avait point de pareille retenue au profit des légataires universels, lors même que les biens laissés par le testateur étaient tous de nature à être compris dans le legs. La présomption légale dans ces pays, était que les legs particuliers contenaient l'expression plus positive de la volonté du testateur, que le titre de légataires universels; ceux-ci étaient tenus d'acquitter tous les legs.

Cette dernière législation a paru préférable; les causes qui ont fait introduire la quarte *falcidie* n'existe plus. La loi, en déclarant que les legs particuliers seront tous acquittés par les héritiers institués ou les légataires universels, ne laissera plus de doute sur l'intention qu'auront eue les testateurs de donner la préférence aux legs particuliers : s'il arrive que des testateurs ignorent assez l'état de leur fortune pour l'épuiser en legs particuliers, lors même qu'ils institueraient un héritier, ou qu'ils nommeraient un légataire universel, la loi ne doit point être faite pour des cas aussi extraordinaires.

Il est une autre classe de legs connus sous le nom de *legs à titre universel*, non qu'ils comprennent, comme le legs dont on vient de parler, l'universalité des biens, mais seulement, soit une quote-part de ceux dont la loi permet de disposer, telle qu'une moitié, un tiers, ou tous les immeubles, ou tout le mobilier, ou une quotité des immeubles, ou une quotité du mobilier.

Ces légataires, comme ceux à titre particulier, sont tenus de demander la délivrance ; mais il fallait les distinguer, parce qu'il est juste que ceux qui recueillaient ainsi à titre universel une quote-part des biens de la succession, soient assujétis à des charges qui ne sauraient être imposées sur les legs particuliers. Telle est la contribution aux dettes et charges de la succession, et l'acquit des legs particuliers par contribution, avec ceux qui recueillent, sous quelque titre que ce soit, l'universalité des biens.

Lorsqu'il y aura un légataire à titre universel d'une quotité quelconque de tous les biens, on devra mettre dans cette classe celui qui serait porté dans le même testament pour le surplus des biens, sous le titre de légataire universel.

Quant aux legs particuliers, on s'est conformé aux règles de droit commun, et on a cherché à prévenir les difficultés indiquées par l'expérience ; il suffit de lire ces dispositions pour en connaître les motifs.

Il en est ainsi, et de celles qui concernent les exécuteurs testamentaires, et de la révocation des testamens ou de leur caducité.

La loi établit des règles particulières à certaines dispositions entre-vifs, ou de dernière volonté, qui exigent des mesures qui leur sont propres.

Telles sont les dispositions permises aux pères et mères, et aux frères ou sœurs, dont la sollicitude, se prolongeant dans l'avenir, leur aurait fait craindre que des petits-enfans ou des neveux ne fussent exposés à l'infortune par l'inconduite ou par les revers de ceux qui leur ont donné le jour.

Dans la plupart des législations, et dans la nôtre jusqu'aux derniers tems, la puissance paternelle a eu dans l'exhérédation un des plus grands moyens de prévenir et de punir les fautes des enfans. Mais en remettant cette arme terrible dans la main des pères et mères, on n'a songé qu'à venger leur autorité outragée, et on s'est écarté des principes sur la transmission des biens.

Un des motifs qui a fait supprimer le droit d'exhérédation, est que l'application de la peine à l'enfant coupable s'étendait à sa postérité innocente. Cependant cette postérité ne devait pas être moins chère au père équitable dans sa vengeance ; elle n'en était pas moins une partie essentielle de la famille, et devait y trouver la même faveur et les mêmes droits.

Or, il n'y avait qu'un petit nombre de cas dans lesquels les enfans de l'exhérédé fussent admis à la succession de celui qui avait prononcé la fatale condamnation.

Ainsi, sous le rapport de la transmission des biens dans la famille, l'exhérédation n'avait que des effets funestes : la postérité la plus nombreuse d'un seul coupable était enveloppée dans sa proscription ; et combien n'étaient-ils pas scandaleux dans les tribunaux, ces combats où pour des intérêts pécuniaires, la mémoire du père était déchirée par ceux qui s'opposaient à l'exhérédation, et la conduite de l'enfant exhérédé présentée sous les traits que la cupidité cherchait encore à rendre plus odieux !

Cependant il fallait trouver un moyen de conserver à la puissance des pères et mères la force nécessaire, sans blesser la justice.

On avait d'abord cru que l'on pourrait atteindre à ce but, si on donnait aux père et mère le droit de réduire l'enfant qui se rendrait coupable d'une dissipation notoire, au simple usufruit de sa portion héréditaire, ce qui eût assuré la propriété aux descendans nés et à naître de cet enfant.

On avait trouvé les traces de cette disposition officieuse dans les lois romaines ; mais après un examen plus approfondi, on y a découvert la plupart des inconvéniens de l'exhérédation.

La plus grande puissance des pères et mères, c'est de la nature et non des lois qu'ils la tiendront. Les efforts des législateurs doivent tendre à seconder la nature et à maintenir le respect qu'elle a inspiré aux enfans : la loi qui donnerait au fils le droit d'attaquer la mémoire de son père, et de le présenter aux tribunaux comme coupable d'avoir violé ses devoirs par une proscription injuste et barbare, serait elle-même une sorte d'attentat à la puissance paternelle ; elle tendrait à la dégrader dans l'opinion des enfans. Le premier principe dans cette partie de la législation, est d'éviter, autant qu'il est possible, de faire intervenir les tribunaux entre les pères et mères et leurs enfans. Il est le plus souvent inutile, et toujours dangereux de remettre entre les mains des pères et des mères des armes que les enfans puissent combattre et rendre impuissantes.

C'eût été une erreur de croire que l'enfant réduit à l'usufruit de sa portion héréditaire, ne verrait lui-même que l'avantage de sa postérité, et qu'il ne se plaindrait pas d'une disposition qui lui laisserait la jouissance entière des revenus. Cette disposition officieuse pour les petits-enfans eût été contre le père ainsi grevé, une véritable interdiction qui eût pu avoir sur son sort, pendant le reste de sa vie, une influence funeste. Comment celui qui aurait été proclamé dissipateur par son père même, pourrait-il se présenter pour des emplois publics ? Comment obtiendrait-il de la confiance dans tous les genres de professions ?

N'était-il pas trop rigoureux de rendre perpétuels les effets d'une peine aussi grave, quand la cause pouvait n'être que passagère ?

Il a donc été facile de prévoir que tous les enfans, ainsi condamnés par l'autorité des pères et mères, se pourvoiraient devant les tribunaux : et avec quel avantage n'y paraîtraient-ils pas ?

La dissipation se compose d'une suite de faits que la loi ne peut pas déterminer : ce qui est dissipation dans une circonstance, ne l'est pas dans une autre première. Le juge, celui dont la voix serait si nécessaire à entendre pour connaître les motifs de sa décision, n'existerait plus.

Serait-il possible d'imaginer une scène plus contraire aux bonnes mœurs, que celle d'un aïeul dont la mémoire serait déchirée par son fils réduit à l'usufruit, en même tems que la conduite de ce fils serait dévoilée par ses propres enfans? Cette famille ne deviendrait-elle pas le scandale et la honte de la société? et à quelle époque pourrait-on espérer que le respect des enfans pour les pères s'y rétablirait? Il aurait donc bien mal rempli ses vues, le père de famille qui, en réduisant son fils à l'usufruit, n'aurait eu qu'une intention bienfaisante envers ses petits-enfans; et s'il eût prévu les conséquences funestes que sa disposition pouvait avoir, n'eût-il pas dû s'en abstenir?

La loi qui eût admis cette disposition eût encore été vicieuse en ce que la réduction à l'usufruit pouvait s'appliquer à la portion héréditaire en entier. C'était porter atteinte au droit de légitime qui a été jusqu'ici regardé comme ne pouvant pas être réduite par les pères et mères eux-mêmes, si ce n'est dans le cas de l'exhérédation. Or, la dissipation notoire n'a jamais été une cause d'exhérédation, mais seulement d'une interdiction susceptible d'être levée quand sa cause n'existait plus.

Quoique la disposition officieuse, telle qu'on l'avait d'abord conçue, fût exposée à des inconvéniens qui ont empêché de l'admettre, l'idée n'en était pas moins en elle-même juste et utile. L'erreur n'eût pas été moins grande, si on ne l'eût pas conservée en la modifiant.

Il fallait éviter, d'une part, que la disposition ne fût un germe de discorde et d'accusations respectives; et, de l'autre, que la loi qui soustrait une certaine quotité de biens aux volontés du père ne fût violée.

Ces conditions se trouvent remplies en donnant aux pères et mères la faculté d'assurer à leurs petits-enfans la portion de biens dont la loi leur laisse la libre disposition. Ils pourront l'assurer en la donnant à un ou à plusieurs de leurs enfans, et ceux-ci seront chargés de la rendre à leurs enfans. Vous avez vu que la portion disponible laissée au père, suffira pour atteindre au but proposé : elle sera, eu égard à la fortune de chacun, assez considérable pour qu'elle puisse préserver les petits-enfans de la misère à laquelle l'inconduite ou les malheurs du père les exposeraient.

L'aïeul ne peut pas espérer de la loi une faculté plus étendue que celle dont il a besoin, en n'écoutant que des sentimens d'une affection pure envers sa postérité; et d'une autre part, la quotité réservée aux enfans est de droit public; sa volonté, quoique raisonnable, ne peut y déroger.

Lorsque la charge de rendre les biens est imposée, ce doit être en faveur de toute la postérité de l'enfant ainsi grevé, sans aucune préférence à raison de l'âge ou du sexe, et non-seulement au profit des enfans nés lors de la disposition, mais encore de tous ceux à naître.

Ce moyen est préférable à celui de la disposition officieuse ; la réserve légale reste intacte ; la volonté du père ne s'applique qu'à des biens dont il est absolument le maître de disposer ; elle ne peut être contestée ni compromise ; elle ne porte plus les caractères d'une peine contre l'enfant grevé de restitution ; elle pourra s'appliquer à l'enfant dissipateur comme à celui qui déjà aura eu des revers de fortune, ou qui par son état y serait exposé.

Il est possible que les pères et mères qui sont seuls juges des motifs qui les portent à disposer ainsi d'une partie de leur fortune, avec la charge de la rendre, aient seulement la volonté de préférer à-la-fois l'enfant auquel ils donnent l'usufruit et sa postérité. Mais la loi les laisse maitres de disposer au profit de celui de leurs enfans qu'il leur plait, et on a beaucoup moins à craindre une préférence aveugle, lorsque les biens doivent passer de l'enfant grevé de restitution à tous les petits-enfans sans distinction, et au premier degré seulement.

C'est dans cet esprit de conservation de la famille que la loi proposée a étendu à celui qui meurt, ne laissant que des frères ou sœurs, la faculté de les grever de restitution jusqu'à concurrence de la portion disponible au profit de tous les enfans de chacun des grevés.

On voit que la faculté accordée aux pères et mères de donner à un ou plusieurs de leurs enfans tout ou partie des biens disponibles, à la charge de les rendre aux petits-enfans, a si peu de rapports avec l'ancien régime des substitutions, qu'on ne lui en a même pas donné le nom.

C'est une substitution, en ce qu'il y a une transmission successive de l'enfant donataire aux petits-enfans.

Mais cela est contraire aux anciennes substitutions, en ce que l'objet de la faculté donnée aux pères et mères et aux frères n'est point de créer un ordre de successions, et d'intervertir les droits naturels de ceux que la loi eût appelés, mais plutôt de maintenir cet ordre et ces droits en faveur d'une génération qui en eût été privée.

Dans les anciennes substitutions, c'était une branche qui était préférée à l'autre : dans la disposition nouvelle, c'est une branche menacée, et que l'on veut conserver.

En autorisant cette espèce de disposition officieuse, il a fallu établir les règles nécessaires pour son exécution.

On a d'abord déterminé la forme de ces actes. Elle sera la même que pour les donations entre-vifs ou les testamens.

Celui qui aura donné des biens sans charge de restitution, pourra l'imposer par une nouvelle libéralité.

Il ne pourra s'élever aucun doute sur l'ouverture des droits des appelés. Ils seront ouverts à l'époque où, par quelque cause que ce soit, la jouissance du grevé cessera ; cependant s'il y avait un abandon en fraude des créanciers, il serait juste que leurs droits fussent conservés.

La faveur des mariages ne peut, dans ce cas, être un motif pour que les femmes exercent des recours subsidiaires sur les biens ainsi donnés; elles n'en auront que pour leurs deniers dotaux, et dans le cas seulement où cela aura été formellement exprimé dans la donation entre-vifs ou dans le testament.

La loi devait ensuite prévoir les difficultés qui pourraient s'élever sur l'exécution de ces actes. Il fallait éviter qu'à l'occasion d'une charge imposée à un père au profit de ses enfans, il pût s'élever entre eux des contestations. On reconnaîtra dans toutes les parties du Code civil, qu'on a pris tous les moyens de prévenir ce malheur.

Si le père ne remplit pas les obligations qu'entraîne la charge de restitution, il faut qu'il y ait entre eux une personne dont la conduite, tracée par la loi, ne puisse provoquer le ressentiment du père contre les enfans.

Cette tierce personne sera un tuteur nommé pour faire exécuter, après la mort du donateur ou du testateur, sa volonté.

Il vaudrait mieux, pour assurer l'exécution, que ce tuteur fût nommé par celui même qui fait la disposition. Ce choix donnerait au tuteur ainsi nommé un titre de plus à la confiance et à la déférence de l'enfant grevé.

Si cette nomination n'a pas été faite, ou si le tuteur nommé est décédé, la loi prend toutes les précautions pour qu'il ne puisse jamais arriver qu'il n'y ait pas de tuteur chargé de l'exécution.

Le grevé sera tenu de provoquer cette nomination, sous peine d'être déchu du bénéfice de la disposition; et s'il y manque, il y sera suppléé, soit par les appelés s'ils sont majeurs, soit par leurs tuteurs ou curateurs s'ils sont mineurs ou interdits, soit par tout parent des appelés majeurs, mineurs ou interdits, ou même d'office, à la diligence du commissaire du gouvernement près le tribunal de première instance du lieu où la succession est ouverte.

Des règles sont ensuite établies pour constater les biens, pour la vente du mobilier, pour l'emploi des deniers, pour la transcription des actes contenant les dispositions, ou pour l'inscription sur les biens affectés au paiement des sommes colloquées avec privilège.

Il est encore un autre genre de dispositions qui doit avoir sur le sort des familles une grande influence; ce sont les partages faits par le père, la mère, ou les autres ascendans, entre leurs descendans; c'est le dernier, et l'un des actes les plus importans de la puissance et de l'affection des pères et mères. Ils s'en rapporteront le plus souvent à cette sage répartition que la loi elle-même a faite entre leurs enfans. Mais il restera souvent, et sur-tout à ceux qui ont peu de fortune, comme à ceux qui ont des biens dont le partage ne sera pas facile, ou sera susceptible d'inconvéniens, de grandes inquiétudes sur les dissensions qui peuvent s'élever entre leurs enfans. Combien serait douloureuse pour un bon père, l'idée que des travaux dont le produit devait rendre sa famille heureuse, seront l'occasion de haines et de discordes! A qui donc pourrait-on confier avec plus d'assurance la répartition des biens entre les enfans, qu'à des pères et mères, qui mieux que tous autres en connaissent la valeur, les avantages et les in-

convéniens ; à des pères et mères qui rempliront cette magistrature, non-seulement avec l'impartialité de juges, mais encore
avec ce soin, cet intérêt, cette prévoyance que l'affection paternelle peut seule inspirer ?

Cette présomption, quelque forte qu'elle soit en faveur des pères
et mères, a cependant encore laissé des inquiétudes sur l'abus
que pourraient faire de ce pouvoir ceux qui, par une préférence
aveugle, par l'orgueil, ou par d'autres passions, voudraient réunir la majeure partie de leurs biens sur la tête d'un seul de leurs
enfans. Il a été calculé que plus les enfans seraient nombreux, et
plus il serait facile au père d'accumuler les biens au profit de l'enfant préféré.

Il eût été injuste et même contraire au but que l'on se proposait
de refuser un père qui, lors du partage entre ses enfans, pouvait
disposer librement d'une partie de ses biens, l'exercice de cette
faculté dans le partage même. C'est ainsi qu'il peut éviter des dé-
membremens, conserver à l'un de ses enfans l'habitation qui
pourra continuer d'être l'asile commun, réparer les inégalités naturelles ou accidentelles : en un mot, c'est dans l'acte de partage
qu'il pourra le mieux combiner, et en même tems réaliser la répartition la plus équitable et la plus propre à rendre heureux chacun de ses enfans.

Mais si l'un des enfans était lésé de plus du quart, ou s'il résultait du partage et des dispositions faites par préciput que l'un
des enfans aurait un avantage plus grand que la loi ne le permet,
l'opération pourra être attaquée par les autres intéressés.

Les démissions de biens étaient usitées dans une grande partie
de la France. Il y avait sur la nature de ces actes des règles très-
différentes.

Dans certains pays où ne leur donnait pas la force des donations
entre-vifs, elles étaient révocables. Ce n'était point aussi un acte
testamentaire, puisqu'il avait un effet présent. On avait, dans
ces pays, conservé la règle de droit suivant laquelle on ne peut
pas se faire d'héritier irrévocable : il n'y avait d'exception que
pour les institutions par contrat de mariage. On craignait que les
parens n'eussent à se repentir de s'être trop abandonnés à des sentimens d'affection, et d'avoir eu trop de confiance en ceux auxquels ils avaient livré leur fortune.

Mais, d'un autre côté, c'était laisser dans les pactes de famille
une incertitude qui causait les plus graves inconvéniens. Le dé-
missionnaire qui avait la propriété sous la condition de la révocation, se flattait toujours qu'elle n'aurait pas lieu. Il traitait avec
des tiers, il s'engageait, il dépensait, il aliénait, et la révocation
n'avait presque jamais lieu sans des procès qui empoisonnaient le
reste de la vie de celui qui s'était démis, et qui rendaient sa condition pire que s'il eût laissé subsister sa démission.

On a supprimé cette espèce de disposition ; elle est devenue inutile. Les pères et mères pourront dans les donations entre-vifs imposer les conditions qu'ils voudront ; ils auront même la liberté dans
actes de partage, pourvu qu'il n'y ait rien de contraire aux re-

gles qui viennent d'être exposées, et suivant lesquelles les démissions des biens, si elles avaient été autorisées, eussent été dé-
clarées irrévocables.

Il est deux autres genres de donations qui toujours ont été mises
dans une classe à part, et pour lesquelles les règles générales doivent être modifiées.

Ce sont les donations faites par contrat de mariage aux époux
et aux enfans à naître de cette union, et les donations entre époux.

Toute loi dans laquelle on ne chercherait pas à encourager les
mariages, serait contraire à la politique et à l'humanité. Loin de
les encourager, ce serait y mettre obstacle, si on ne donnait pas le
plus libre cours aux donations, sans lesquelles ces liens ne se for-
meraient pas. Il serait même injuste d'assujettir les parens donateurs aux règles qui distinguent d'une manière absolue les donations entre-vifs des testamens. Le père qui marie ses enfans s'occupe de leur postérité; sa dotation actuelle doit donc être presque
toujours subordonnée à ses dispositions sur la succession future.
Non-seulement les contrats de mariage participent de la nature des
actes entre-vifs et des testamens, mais encore on doit les considérer comme des traités entre les deux familles, traités pour lesquels on doit jouir d la plus grande liberté.

Ces principes sont immuables, et leurs effets ont dû être maintenus dans la loi proposée.

Ainsi les ascendans, les parens collatéraux des époux, et même
les étrangers pourront par contrat de mariage donner tout ou partie des biens qu'ils laisseront au jour de leur décès.

Ces donateurs pourront prévoir le cas où l'époux donataire mour-
rait avant eux, et dans ce cas étendre leur disposition au profit
des enfans à naître de leur mariage. Dans le cas même où les
donateurs n'auront pas prévu le cas de leur survie, il sera présumé de droit que leur intention a été de disposer, non-seulement
au profit de l'époux, mais encore en faveur des enfans et descendans à naître du mariage.

Ces donations pourront comprendre à la fois les biens présens
et ceux à venir. On a seulement pris à cet égard une précaution
dont l'expérience a fait connaître la nécessité.

L'époux auquel avaient été donnés les biens présens et à venir,
avait à la mort du donateur le droit de prendre les biens existans
à l'époque de la donation, en renonçant aux biens à venir, ou de
recueillir les biens tels qu'ils se trouvaient au tems du décès. Lorsque le donataire préférait les biens qui existaient dans le tems de
la donation, des procès sans nombre, et qu'un long intervalle de
tems rendait le plus souvent inextricables, s'élevaient sur la fixa-
tion de l'état de la fortune à cette même époque. C'était aussi un
moyen de fraude envers des créanciers dont les titres n'avaient
pas une date certaine. La faveur des mariages ne doit rien avoir
d'incompatible avec le repos des familles et avec la bonne foi. Il
est donc nécessaire que le donateur qui veut donner le choix des
biens présens ou de ceux à venir, annexe à l'acte un état des
dettes et des charges alors existantes, et que le donataire devra sup

6

porter ; sinon le donataire ne pourra , dans le cas où il accep-
tera la donation , réclamer que les biens qui se trouveront à l'é-
poque du décès.

Les donations par contrat de mariage pourront être faites sous
des conditions dont l'exécution dépendra de la volonté du donateur. L'époux donataire est presque toujours l'enfant ou l'héritier du donateur. Il est donc dans l'ordre naturel qu'il se soumette
aux volontés de celui qui a autant d'influence sur son sort ; et si
c'est un étranger dont il éprouve la bienfaisance , la condition qui
lui est imposée n'empêche pas qu'il ne soit pour lui d'un grand
intérêt de l'accepter.

Enfin un grand moyen d'encourager les donations par contrat
de mariage , était de déclarer qu'à l'exception de celles des biens
présens, elles deviendraient caduques, si le donateur survit au donataire décédé sans postérité.

Toutes les lois qui ont précédé celle du 17 nivôse an 2 , ont
toujours distingué les donations que les époux peuvent se faire entre
eux par leur contrat de mariage, de celles qui auraient eu lieu
pendant le mariage.

Le mariage est un traité dans lequel les mineurs assistés de
leurs parens , ou les majeurs , doivent être libres de stipuler leurs
droits et de régler les avantages qu'ils veulent se faire. Les sentimens réciproques sont alors dans toute leur énergie , et l'un n'a
point encore pris sur l'autre cet empire que donne l'autorité mari-
tale , ou qui est le résultat de la vie commune. La faveur des
mariages exige que les époux aient , au moment où ils forment
leurs liens , la liberté de se faire réciproquement , ou l'un des
deux à l'autre , les donations qu'ils jugeront à propos.

Il en est autrement des donations que les époux voudraient se
faire pendant le mariage.

Les lois romaines défendirent d'abord les donations entre époux
d'une manière absolue. On craignait de les voir se dépouiller mu-
tuellement de leur patrimoine par les effets inconsidérés de leur
tendresse réciproque , de rendre le mariage vénal , et de laisser
l'époux honnête exposé à ce que l'autre le contraignit d'acheter la
paix par des sacrifices sous le titre de donations.

Cette défense absolue fut modifiée sous le règne d'Antonin,
qui crut prévenir tous les inconvéniens en donnant aux époux
la faculté de révoquer les donations qu'ils se feraient pendant le
mariage.

Cette doctrine a été suivie en France dans la plupart des pays
de droit écrit.

Dans les pays de coutumes , on a conservé l'ancien principe de
la défense absolue de toute donation entre mari et femme pendant
le mariage , à moins que la donation ne fut mutuelle au profit du
survivant : et encore cette espèce de donation était-elle , quant
aux espèces et à la quantité de biens qu'elle pouvait comprendre ,
plus ou moins limitée.

Ces bornes ont été , dans la plupart des coutumes , plus resserrées dans le cas où à l'époque de la dissolution du mariage il existait des enfans , que dans le cas où il n'y en avait point.

En modifiant ainsi la défense absolue, il résultait que la condition de réciprocité ou de survie écartait toute intention odieuse de l'un des époux de s'enrichir aux dépens de l'autre, et que les bornes dans lesquelles ces donations étaient resserrées, conservaient les biens de chaque famille.

On a pris dans ces deux systèmes ce qui est le plus convenable à la dignité des mariages, à l'intérêt réciproque des époux, à celui des enfans.

Il sera permis à l'époux de donner à l'autre époux, soit par le contrat de mariage, soit pendant le mariage, dans le cas où il ne laisserait point de postérité, tout ce qu'il pourrait donner à un étranger, et en outre l'usufruit de la totalité de la portion dont la loi défend de disposer au préjudice des héritiers directs.

S'il laisse des enfans, ces donations ne pourront comprendre que le quart de tous les biens en propriété et l'autre quart en usufruit, ou la moitié de tous les biens en usufruit seulement.

Toutes donations faites entre époux pendant le mariage, quoique qualifiées entre-vifs, seront toujours révocables, et la femme n'aura pas besoin, pour exercer ce droit, de l'autorisation de son mari, ni de la justice.

Cette loi donnant la faculté de disposer, même au profit d'un étranger, de tous les biens qui ne sont pas réservés aux héritiers en ligne directe, il n'eût pas été conséquent qu'un époux fût privé de la même liberté vis-à-vis de l'autre époux pendant le mariage. Tel est même l'effet de l'union intime des époux, que, sans rompre les liens du sang, leur inquiétude et leur affection se portent plutôt sur celui des deux qui survivra, que sur les parens qui doivent lui succéder. On a donc encore suivi le cours des affections, en décidant que les époux ne laissant point d'enfans pourraient se donner l'usufruit de la totalité de la portion de biens disponible.

Si l'époux laisse des enfans, son affection se partage entre eux et son époux, et lors même qu'il se croit le plus assuré que l'autre époux survivant ferait de la totalité de sa fortune l'emploi le plus utile aux enfans : les devoirs de paternité sont personnels, et l'époux donateur y manquerait s'il les confiait à un autre ; il ne pourra donc être autorisé à laisser à l'autre époux qu'une partie de sa fortune ; et cette quotité est fixée à un quart de tous les biens en propriété, et un autre quart en usufruit, ou la moitié de la totalité en usufruit.

Après avoir borné ainsi la faculté de disposer, il ne restait plus qu'à prévenir les inconvéniens qui peuvent résulter des donations faites entre époux pendant le mariage.

La mesure adoptée dans la législation romaine a paru préférable. On ne pourra plus douter que les donations ne soient l'effet d'un consentement libre, et qu'il ne faut les attribuer ni à la subornation, ni à une affection momentanée ou inconsidérée, quand l'époux, libre de les révoquer, y aura persisté jusqu'à sa mort ; quand la femme n'aura besoin, pour cette révocation, d'aucune autorisation ; quand, pour rendre cette révocation plus libre encore, et pour qu'on ne puisse argumenter de l'indivisibilité des dispositions d'un même acte, il est réglé que les époux ne pourront pendant le mariage se faire, par un seul et même acte, aucune donation mutuelle et réciproque.

Au surplus, on a maintenu cette sage disposition, que l'on doit encore moins attribuer à la défaveur des seconds mariages, qu'à l'obligation où sont les pères ou mères qui ont des enfans, de ne pas manquer à leur égard, lorsqu'ils forment de nouveaux liens, aux devoirs de la paternité. Il a été réglé que, dans ce cas, les donations au profit du nouvel époux ne pourront excéder une part d'enfant légitime le moins prenant, et que, dans aucun cas, ces donations ne pourront excéder le quart des biens ; il n'a pas été jugé nécessaire de porter plus loin ces précautions.

Tels sont, citoyens législateurs, les motifs de ce titre important du Code civil. Vous avez vu avec quel soin on a toujours cherché à y maintenir cette liberté si chère, sur-tout dans l'exercice du droit de propriété, que si une partie des biens est réservée par la loi, c'est en faveur de parens unis par des liens si intimes et dans des proportions telles, qu'il est impossible de présumer que la volonté des chefs de famille en soit contrariée ; qu'ils seront d'ailleurs les arbitres suprêmes du sort de leurs héritiers ; que leur puissance sera respectée, et leur affection recherchée ; qu'ils jouiront de la plus douce consolation, en distribuant à leurs enfans, de la manière qu'ils jugeront la plus convenable au bonheur de chacun d'eux, des biens qui sont le plus souvent le produit de leurs travaux ; qu'ils pourront même étendre cette autorité bienfaisante et conservatrice jusqu'à une génération future, en transmettant à leurs petits-enfans ou à des enfans de frères ou de sœurs, une partie suffisante de biens, et les préserver ainsi de la ruine à laquelle les exposerait la conduite ou le genre de profession des pères et mères. Vous avez vu avec quel soin on a conservé la faveur due aux contrats de mariage, et que la liberté des époux de disposer entre eux sera plus entière, qu'ils seront sur ce point plus indépendans l'un de l'autre ; ce qui doit contribuer à maintenir entre eux l'harmonie et les égards.

Enfin, vous avez vu que par-tout on a cherché à rendre les formes simples et sûres, et à faire cesser cette foule de controverses qui ruinaient les familles, et laissaient presque toujours les testateurs dans une incertitude affligeante sur l'exécution de leur volonté.

C'est le dernier titre qui soit prêt à vous être présenté dans cette session. Puisse l'opinion publique sanctionner ces premiers efforts du Gouvernement pour procurer à la France un code propre à régénérer les mœurs, à fixer les propriétés, à rétablir l'ordre, à faire le bonheur de chaque famille, et dans chaque famille le bonheur de tous ceux qui la composent !

Fin des Motifs du troisième livre.

OUVRAGES NOUVEAUX OU QUI SE TROUVENT CHEZ LE MÊME...

CHEZ BAILLEUR AÎNÉ

Cours Élémentaire de Droit Civil, par Kaeppelin, docteur
en droit de la faculté de Paris, et Guyneullier, commis du
gouvernement près le tribunal de première instance à L...
3 gros vol. in-8°, prix, 13 fr. et 16 fr. 50 cent., franc de port.
Ouvrage indispensable à tous les jeunes gens qui se livrent
la Jurisprudence, et utile aux Notaires, Avoués, Hommes de
loi, Juges de paix, Huissiers, etc.

CHEZ BARBA

Les Ages Français, poëme par L. Lemercier, ... 3 fr.
Romans de Pigault-Lebrun, 24 vol. in-12, fig.
Monsieur Botte, du même auteur, 4 vol. in-12, fig. 7 fr.
Fanchon la Vielleuse, comédie-vaudeville.
Fêtes et Courtisanes de la Grèce, pour faire suite aux Voy.
d'Anacharsis et d'Antenor, seconde édit., 4 vol. in-8°.
Madame Botte, ou les Aventures d'Augustina, 4 vol. in-
jolies fig.
Héloïse et Abeilard, ou les Victimes de l'amour, roman
torique, 3 vol. in-12, fig.
Les trois Fublas de ce tems-là, manuscrit trouvé dans les
neaux d'une voiture de la cour, par l'auteur de Brick-Bolding
4 vol. in-12, fig.
Le Citateur, par P.—L. B., 2 vol. in-12. . . . . 8 fr. 12 c.

CHEZ CAPELLE, libraire-commissionnaire.

Chansonnier des Muses pour l'an XII (1804), quatrième année,
1 v. in-18, avec calendrier et grav., 75 c.; franc de port, 1 fr.
Porte-Feuille Français, ou Choix d'épigrammes, contes, anec-
dotes, etc. 1 vol. in-12, avec gravure et calendrier, cinquième
année, 1 fr. 50 cent.; 2 francs franc de port.
Almanach du Commerce de Paris, etc. 1 vol. in-8°, prix 6 fr.
pour Paris, et 8 fr. franc de port.
Œuvres choisies de Panard, hommage rendu à sa mémoire p...
Armand-Gouffé, 3 vol. in-18, ornée d'un joli portrait, et pré-
cédée d'une notice sur la vie de cet auteur.
Prix, 3 fr. (4 fr. 50 cent. franc de port.)
Histoire véritable de Fanchon la Vielleuse, 1 vol. in-12, dédiée à
madame Henri-Belmont, et orné d'un portrait, prix, 2 fr.
(2 francs 50 cent. fr. de port.)
Lettres d'un Mameluck, publiées par Joseph Lavallée, 1 vol.
in-8°, prix, 5 fr.
Le Nouvel Antenor, ou Voyages et Aventures de Traybille en
Grèce, ouv. pouvant faire suite aux Voyages d'Antenor, par
Lantier. Vol. in-8°, orné de 4 grav. et de notes historiques.
5 fr., et 6 fr. 50 cent. franc de port.

www.ingramcontent.com/pod-product-compliance
Lightning Source LLC
Chambersburg PA
CBHW070905210326
41521CB00010B/2070